殘殺米諾陶洛斯（Minotaur）的翟修斯（Theseus）。

雅典娜（Athena）雕
像，為羅馬時代複製希
臘時期原作的複製品。

THE

西方四大神話

4

A GUIDE TO THE CLASSICAL STORIES

情與慾之

希臘羅馬

神話

GREEK

AND ROMAN MYTHS

菲利浦 ● 馬提札克

PHILIP MATYSZAK

崔梓健 譯

謝辭

謹以本書獻給宙斯（Zeus），這位偉大的天雷神、風暴神以及奧林帕斯（Olympus）之主！（以防萬一！）

作者的話

一如既往，我在寫這本書時得到許多朋友和同事的幫助，他們給我很多有用的建議和意見。其中包括，博學多聞的羅賓‧奧斯本（Robin Osborne）和瑞秋‧皮爾（Rachel Peel），他們兩人從頭到尾讀完這本書，並且小心為我校正錯誤。如果還有哪些錯誤尚未改正，一切責任都歸屬於我。

目次

前言

希臘羅馬神話是什麼？我們為什麼要研究？

如果希臘羅馬神話僅是一套關於魔法變形與諸神爭吵不休的故事，那麼閱讀它們就沒有多大意義了。首先，這樣的神話為數眾多，充滿令人混亂的名字與系譜，那麼我們又為什麼需要去知道這些故事，並且非要關心它們呢？

我們關心希臘羅馬神話，是因為它們展現了古代人的世界觀及各種「原型」（archetypes），包括英雄、受委屈的婦女以及強大而任性妄為的神，塑造了希臘人和羅馬人看待自身以及他們與宇宙關係的方式。事實上，這些原型是如此強大，以至於今天人們還在持續使用。心理學家（psychologist）這個職業名稱就與希臘神話中的一位公主賽姬（Psyche）有關；當他們提到「戀母情結」（Oedipus complex），用的就是希臘神話的人物原型伊底帕斯（Oedipus）；提到「自戀狂」（narcissist），用的原型就是納西瑟斯（Narcissus）；這些神話故事描述了人類的這些特定狀況，在這方面上一直未曾被超越。

這讓我們閱讀神話故事有了更進一步的理由了：它們能在近3,000 年的歷史中歷久不衰，並不只是因為它們是「文化典範」「母題的主題序列」（或其他現在學界青睞的流行術語），而是歸根究柢，它們是強大而有趣的敘事。

神話世界也並不像乍看之下那麼混亂。許多神話故事都有

著共同的主題。英雄們備受磨難，卻獲得了補償性的天賦與力量；少女們飽受愛情之苦，但最終得償所願。而那些更為嚴酷的故事則告訴我們：命運三女神（the Fates）會紡織、丈量、最終割斷生命之線，這條不可變更的生命之線主宰著一個人的命運，他必須堅毅、高貴地直面命運。

另外，這些神話還有一個總主題：儘管神、半神和人類之間存在不少矛盾、分歧及誤解，他們還是會並肩作戰，對抗象徵混亂力量及肆意破壞的怪物和巨人。現代故事的主題往往是邪不勝正，而古典神話則放在文明理性與混亂野蠻之間的對抗。從根本上來說，希臘神話描述的是將人性價值觀帶到專橫、敵意的宇宙。這是為什麼當今世界有時似乎被盲目仇恨、恣意破壞及非理性占了上風，但古典神話並未因而失去了力量。

這本書是一份導讀或指南，讓讀者理解曾經連結希臘羅馬世界的故事與信仰，為我們留下了什麼遺產。它有下列三個終極目的：

理解古典神話的整體情況 ◇

在許多方面上，廣泛來說只有一種古典神話。這個故事在一千多年歷史中逐漸成型，始於西元前 800 年之前希臘的民間記憶與民俗故事，最終完成於西元 2 世紀的古羅馬作家之手。古希臘羅馬神話是最偉大的集體寫作故事，更令人敬畏的是結合了兩種不同文化的共同努力。最終成就了卷帙浩繁而漫無邊

際的故事，它有著數不盡的次要情節和上千個角色，但又具有基本的敘事、清楚的主角，以及完整的開頭、中段和結尾。

　　因此，這本書的目的之一，就是要讓讀者能一窺希臘羅馬神話的整體全貌，把它當作任何一個古代希臘羅馬孩童都耳熟能詳的故事。

瞭解古典神話的脈絡 ◇

　　然而，這本書還有進一步的目的，要讓它成為真正的指南書，我們不僅要講故事，還要知道古代人如何理解這些神話。我們需要深入古希臘羅馬人的內心世界，以他們的方式看他們的世界及他們的神。我們需要把自己想像成第一次聽到一段神話的古希臘或羅馬人，用他們的觀點來聽故事。你將會瞭解故事的背景、大多數出場的主要人物、他們的角色，這段故事在整個神話體系中的位置，以及如何理解其中涉及的主角所持的動機。由於尤里彼德斯（Euripides）、索福克里斯（Sophocles）以及其他古典戲劇大師所作的傳世悲劇都取材自這些神話，理解了這些神話也就能更深刻地欣賞這些在西方文化裡具有里程碑意義的傑出劇作。

古典神話的現代迴響 ◇

　　最後，這些神話影響是如此強大且深深嵌入西方意識，以至於它們從未真正退場。自文藝復興時代起，它們一直影響著無數的畫家、雕塑家、作曲家及作家，因此本書特別以專欄強調每則古代神話在後世的影響和流變。此外，儘管我們並未完全意識到，我們現在所使用的詞彙和處理的事物也和古代諸神有關。本書希望讓大家注意到當代生活出現與古代神話相關的許多細節——經常是在最出人意料的情況下——我希望這麼做，不僅能讓讀者更熟悉古典世界，同時也更瞭解現代世界。

　　這份指南彙編的資料來源，範圍從荷馬（Homer）與維吉爾（Virgil）的史詩，到較為冷門的海希奧德（Hesiod）、奧維德（Ovid），巴庫利德斯（Bacchylides）、品達（Pindar）等抒情詩人，以及奧菲斯教禱歌（Orphic hymns）。原始資料之中有些矛盾之處（尤其是誰是誰的生父這點），我們通常採信那些讓故事讀起來更連貫的說法；同時我們也為想要深入瞭解的讀者註明一些更具爭議的說法。除了特別標示的地方之外，英文翻譯均由作者自行完成。

1

開端：從混沌
到宇宙形成的
四個步驟

對希臘人和羅馬人來說，他們的世界有著光明、鮮活及嶄新的開端。就像許多新生事物一樣，世界在誕生之初充斥著極度混亂，同時也洋溢著巨大的能量與生命力。那些後來生活在古典時代的人們認為黃金時代早已終結，而他們的世界之所以相對穩定，是因為它已經失去了狂野的青春活力。

神話的誕生

就像羅馬人相信新生的幼熊如果不經母親舔舐就不會成形一樣，一度不成熟的希臘羅馬神話是經由那些古代最偉大的說書人，從荷馬到維吉爾，才變成如今的標準樣式。創世篇章最早由海希奧德在約西元前 720 年定型。他寫了《神譜》（*Theogony*）一書，撰寫創造天地萬物的敘事，是古希臘羅馬人最廣泛接受的版本（但並不是唯一的版本）。

第 1 步　混沌理論 ◇

在海、陸及覆蓋一切的蒼天尚不存在之前，大自然的面貌是渾圓一體，到處相同。名為混沌；它是一團亂糟糟、沒有秩序的物體，死氣沉沉，各種彼此衝突的元素相雜一處。

────────奧維德，《變形記》（*Metamorphoses*）第 1 卷第 10 行起

　　世界起初只有一片混沌（Chaos）。時間、天界、大地、天空及水域都混雜一處，既沒有理性也缺乏秩序。混沌是一片無邊無際的黑暗，日後構成世界的那些元素原本將永遠陷於這道難以逾越的深淵之中。混沌包含著一切之後將要誕生的事物，儘管它們尚未成形。正如後來奧菲斯祕教信徒的描述，混沌是「世界之卵」。正是在這種時間尚不存在、無法計數的空間之中，某些力量開始成形，最終成為宇宙最早的組成實體。下面就是最初的 4 位天神：艾洛斯（Eros）、蓋亞（Gaia）、塔爾塔羅斯（Tartarus）與倪克斯（Nyx）／厄瑞玻斯（Erebus）。後來受到萬人崇奉的那些神祇都是這 4 位天神的後代。

艾洛斯（Eros）

　　最先從混沌之中現身的始祖神是愛神艾洛斯。最初的艾洛斯有強大的力量，可以說是諸神之中最強大的一位，因為如果沒有艾洛斯，其他幾位脫離混沌的神會一直保持靜止不變，永遠無法生育。而艾洛斯不僅是愛的體現，還象徵著整個生殖法

始祖神簡要家譜

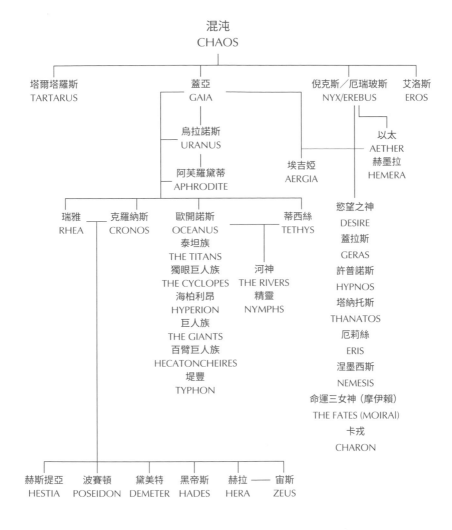

混沌
CHAOS

塔爾塔羅斯
TARTARUS

蓋亞
GAIA

倪克斯／厄瑞玻斯
NYX/EREBUS

艾洛斯
EROS

烏拉諾斯
URANUS

以太
AETHER
赫墨拉
HEMERA

阿芙羅黛蒂
APHRODITE

埃吉婭
AERGIA

瑞雅 — 克羅納斯
RHEA　CRONOS

歐開諾斯
OCEANUS
泰坦族
THE TITANS
獨眼巨人族
THE CYCLOPES
海柏利昂
HYPERION
巨人族
THE GIANTS
百臂巨人族
HECATONCHEIRES
堤豐
TYPHON

蒂西絲
TETHYS

河神
THE RIVERS
精靈
NYMPHS

慾望之神
DESIRE
蓋拉斯
GERAS
許普諾斯
HYPNOS
塔納托斯
THANATOS
厄莉絲
ERIS
涅墨西斯
NEMESIS
命運三女神（摩伊賴）
THE FATES (MOIRAI)
卡戎
CHARON

赫斯提亞
HESTIA

波賽頓
POSEIDON

黛美特
DEMETER

黑帝斯
HADES

赫拉 — 宙斯
HERA　ZEUS

艾洛斯和威力巨大的弓。

則。在後來的時代裡,他漸漸將很多職責交給其他神,最終變成了羅馬時代那位惹人喜愛的丘比特(Cupid)。我們不要忘記,儘管接下來偶爾會讀到一些血腥可怕的故事,但神話中的宇宙是透過愛而創造的。

蓋亞(Gaia)

最早受到艾洛斯魔力影響的是大地女神蓋亞,因為只有大地才能「讓事物從自身誕生」——古希臘人的這種說法和現代人所謂的「單性繁殖」或「童貞受孕」比較接近。因此,海希奧德寫道:「無需經過愛的甜蜜結合」,蓋亞就獨自生下了天空之神烏拉諾斯(Uranus)——羅馬人稱為凱路斯(Caelus)——以及深海之神澎濤士(Pontus)。

後世文化藝術作品：艾洛斯

1602 年，卡拉瓦喬（Caravaggio）創作了著名的〈勝利的愛神〉（*Eros Triumphant*），畫裡有一個幾乎藏不住壞笑的粗野小孩，他站在那裡嘲弄著人類的努力被他一掃而光（以散落一地的盔甲、魯特琴還有羅盤等物品表現）。迄今為止，最著名的愛神雕像位於倫敦的皮卡迪利圓環廣場（Piccadilly Circus），自 1893 年起一直都是倫敦的地標；儘管雕塑家吉爾伯特（Alfred Gilbert）原本打算塑造的是愛神的同伴神安特洛斯（Anteros），即「得到了回報的愛」。這座雕像也是最早的鋁鑄雕像之一。

塔爾塔羅斯（Tartarus）

塔爾塔羅斯是蓋亞陰暗的對立面。蓋亞多產而富有生機，塔爾塔羅斯貧瘠而死氣沉沉。後來，塔爾塔羅斯成為一所監獄，囚禁著對大地而言太強大或太危險的巨人、怪物（包括人類和其他種族）。即使是艾洛斯也對塔爾塔羅斯束手無策，塔爾塔羅斯無法繁殖後代。

倪克斯（Nyx）／厄瑞玻斯（Erebus）

艾洛斯和「黑翼夜神」倪克斯打交道還更容易些。倪克斯擁有名喚厄瑞玻斯（Erebus）的二重身，是塔爾塔羅斯的夜神。

藉由艾洛斯的幫助，倪克斯和厄瑞玻斯一起生下了白晝之神赫墨拉（Hemera）與以太（Aether），以太是天界本身、高層大氣、神的氣息，以及蓋亞和塔爾塔羅斯之間的邊界。以太也是始祖神之一，但並不那麼有創造力，因此後來他和蓋亞結合生下的是懶惰女神埃吉婭（Aergia）就不足為奇了。這些神誕生之後，宇宙的根基才算完整。

第 2 步　大爆炸：蓋亞和烏拉諾斯的血脈 ◇

我所要歌詠的是蓋亞女神，萬物的主母，
妳根足最深，年歲最長，又滋養萬物。

──────────────────────《荷馬讚歌》（*Homeric Hymn*）

　　早期宇宙中最充滿活力的一對就是蓋亞與她的「兒子」烏拉諾斯；他們是大地與天空。蓋亞就像其他始祖神一樣，並沒有人類的想法與天性，天地兩股自然力量的互相作用也與人類概念的母子關係或亂倫無關。我們只需要知道蓋亞是陰性元素，而烏拉諾斯是陽性元素就夠了；烏拉諾斯每晚都將星光燦爛的天幕覆蓋於大地之上。當然，我們也無法衡量這件事發生的時間，因為這時時間尚未誕生。儘管艾洛斯、蓋亞、塔爾塔羅斯及倪克斯／厄瑞玻斯這 4 位始祖神成功地脫離了混沌，但混沌還是橫亙在天界與大地之間。正如我們早已知道的那樣，混沌從未徹底退場。

今日的蓋亞——字面意義上的無處不在

蓋亞如今透過「蓋亞假說」而最為人所知，這一假說假定地球是一個單一的生命有機體。結果，現在從政府專案到素食香腸都以蓋亞命名。

不過，最重要的還是字典裡蓋亞作為大地之神的屬性（參見第 31 頁神的屬性）。Ge 的字根代表著大地之神的屬性，描繪大地情況的圖片叫做「圖形」（graphe），產生了「地理學」（geography）一詞，還有「地靜止衛星」（geostatic satellites）以及「地球物理研究」（geophysical studies）。研究蓋亞骨骼的學科是「地質學」（geology），丈量大地則誕生了「幾何學」（geometry）。從「耕地的農民」（ge-eurgos）演變出「喬治」（George）一名，現在有兩個以喬治亞（Georgia）為名的行政區（譯注：美國的喬治亞州以及東歐的喬治亞共和國）。

今日的烏拉諾斯

烏拉諾斯最為人熟知的就是天王星了，它是太陽系第七顆行星。事實上，古人並不知道這顆行星的存在，天王星直到 1781 年才被發現，而且起初是以喬治王命名，正如我們前面所提，喬治這個名字剛好與烏拉諾斯的伴侶蓋亞有關。

此後不久，人們發現了鈾元素（uranium），就以之前發現的天王星來為鈾取名，而天王星則是以天神烏拉諾斯命名。就像天王星一度被認為是太陽系最後一顆行星一樣，鈾一度也被認為是最後一個化學元素（編注：鈾之後又發現錼、鈽，各以海王星、冥王星命名）。

泰坦族（Titans）

蓋亞和烏拉諾斯的結合碩果纍纍，他們生下了一群形態各異的生物，統稱為泰坦族。許多泰坦都生得巨大而醜陋，而且永生不死，在之後的時代為人類製造了不少麻煩。其餘泰坦則融入了正在形成的宇宙秩序，是宇宙正常運行時不可或缺的角色。最佳代表就是歐開諾斯（Oceanus），他化身為一條圍繞著整個大地奔流的世界之河，或者更確切地說，是一條環繞著歐亞大陸與北非的大河，畢竟這已經是古代人對於當時地理瞭解的極限了。著名的泰坦還有寧默心（Mnemosyne），她是繆斯姐妹（the Muses）的母親；以及海柏利昂（Hyperion）及其子女太陽神海利歐斯（Helios）、月神塞勒涅（Selene）與黎明之神伊奧絲（Eos）。

今日的泰坦

土衛六是「土星的月球」，它是土星最大的一顆衛星，就是以泰坦為名。泰坦作為名詞（titan）或形容詞（titanic）的意思是「近乎超人的」。因而，「鈦」（titanium）這種非常強韌的金屬，和泰坦的力量有關。「鐵達尼號」也是取自泰坦的力量，但顯然這艘船並沒有預期中那麼堅固。還有一系列長期服役的太空火箭也都叫做泰坦。

蓋亞生育的怪物後代

蓋亞和烏拉諾斯的其他孩子還有獨眼巨人族（Cyclopes）、巨大而可怕的百臂巨人族（Hecatoncheires）；每個百臂巨人都有 50 個頭及 100 隻手臂，Hecatoncheires 的意思就是「有一百隻手的」。這些生物可能有潛在的麻煩。有些版本的故事說，烏拉諾斯把他們打入了塔爾塔羅斯；還有一些故事則宣稱烏拉諾斯拒絕讓這些怪物出生，一直把他們困在蓋亞在地下的子宮裡，因此他們從未直接對人類造成威脅。

蓋亞並不贊成烏拉諾斯對待子女的方式，她決定是時候該做點什麼了。「時間」就是蓋亞最小的兒子克羅納斯（Cronos）；隨著他的誕生，時間才來到世界。就像對那些縱情玩樂的人來說，時間總在不經意之間就溜過去，當烏拉諾斯與蓋亞一起躺下來時，克羅納斯趁其不備，用蓋亞精心準備好的鋒利大鐮刀一下子就閹割了烏拉諾斯。

烏拉諾斯的陽具被丟到海洋之中，於是從海水中誕生了阿芙羅黛蒂（Aphrodite），她是「奧林帕斯主神」（Olympians）最老的一位（參見第 73 頁）。海希奧德告訴我們：「她被稱為阿芙羅黛蒂，是因為她從泡沫（Aphros）誕生……愛神和甜蜜的慾望之神（Desire）與她的出生相伴，他們隨後把她引到了諸神之家，讓她在人類與不朽神靈之中，處於少女的竊竊私語、滿面笑容、甜言蜜語以及親密的溫情柔意之位。」

後世文化藝術作品：阿芙羅黛蒂的誕生

阿芙羅黛蒂 —— 羅馬人稱為維納斯（Venus）—— 誕生的傳說，為 1480 年代文藝復興時期最著名的畫作之一，波提切利（Sandro Botticelli）的〈維納斯的誕生〉（*Birth of Venus*）提供了靈感，畫出女神從海水中誕生的瞬間。「維納斯」的模特兒可能是當時美麗的交際花西蒙妮塔（Simonetta），而在文藝復興時代的義大利，貝殼隱喻著維納斯在畫作中被遮住的私處。

「阿芙羅黛蒂的誕生」的波提切利版本。

夜神的子女們

有些人可能會好奇，幫助阿芙羅黛蒂誕生的「甜蜜的慾望之神」又是什麼來歷？答案是倪克斯也忙著生下一批子嗣，慾望之神算是他那堆千奇百怪的兒女裡還算和藹可親的一位。倪克斯其他的子女包括老年之神蓋拉斯（Geras）、睡眠之神許普

長著翅膀的睡眠之神和死神抬著受到致命重傷的英雄（約西元前 510 年的雅典花瓶）。

諾斯（Hypnos）、死神塔納托斯（Thanatos）、紛爭女神厄莉絲（Eris）、復仇女神涅墨西斯（Nemesis），以及令人恐懼的摩伊賴（Moirai）三姐妹——又叫命運三女神（the Fates），就是由她們三位一起編織著神與人的命運。

第 3 步　聶莪普勒摩斯法則與宙斯的誕生 ◇

聶莪普勒摩斯法則（The Neoptolemus Principle）規定：傷人者最終將會得到同樣的報復。古希臘人幾乎把這條法則視為自然法則，聶莪普勒摩斯是阿基里斯（Achilles）之子，嗜殺成性，最後也得到慘死（參見第 272 頁）。儘管聶莪普勒摩斯所屬的年代還在很久之後，但早在烏拉諾斯被閹割之時，這條法則就開始顯現效果了。蓋亞和烏拉諾斯依舊維持著配偶關係，不過被閹割後的烏拉諾斯不再對宇宙施加影響，從此淡出了人們的

視線之外。蓋亞也逐漸退居到了地下。事實上，她最後「變成」了大地本身，而且自此一直保持著這種形態。

克羅納斯和瑞雅

閹割了烏拉諾斯的克羅納斯，成為新一代神的領導者，他娶了自己的姐姐瑞雅（Rhea）。瑞雅在希臘神話中是個次要角色，但在後來的羅馬神話中被尊為「眾神之母」瑪格納‧瑪特（Magna Mater），是奧林帕斯主神的母親或祖母。在現代世界裡，瑞雅是土衛八，是土星第二大的衛星。這的確合乎情理，因為羅馬人把克羅納斯──以及一部分黑帝斯（Hades）的形象──變成了農業之神薩圖恩（Saturn）；土星就是以薩圖恩命名；「星期六」（Saturday）也是源自對薩圖恩的祭拜。

早期羅馬神話中有好幾個身分重要的女性都叫作瑞雅。瑞雅‧席爾瓦（Rhea Silva）是羅馬城創建者羅穆路斯（Romulus）和雷默（Remus）的母親，還有另一位瑞雅則和海克力斯（Heracles）生下阿文提烏斯（Aventius）──後來羅馬的阿文庭山（Aventine Hill）就以他的名字命名。

對於蓋亞來說，不幸的是，克羅納斯在經過一番深思熟慮之後，決定還是將她的怪物後代囚禁在塔爾塔羅斯之中。克羅納斯藉由專制的統治，得以掌權。不過他也很清楚，在他閹割了自己的父親之後，復仇女神早已經盯上他了，而根據聶莪普勒摩斯法則，他很可能也會被自己的孩子以同樣的方式閹割及篡位。

克羅納斯接過一塊代替宙斯的石頭。

奧林帕斯主神的誕生與封存

　　克羅納斯想要逃避襲擊父親帶來的相同懲罰，不過既然神都是不死的，他也無法殺掉自己的孩子。有鑑於烏拉諾斯的先例，把孩子封在母親的子宮裡並沒有用，因此克羅納斯決定親手（親肚）解決問題，他的孩子一出生就被他直接吞進肚子裡；就形而上的意義來說，從長遠來看，時間的確會這樣吞沒了自己所有的孩子。

　　然而，克羅納斯雖然嘗試避免步上父親的後塵，但他還是犯了相同的錯誤，沒有考慮到妻子的母性本能。瑞雅就像蓋亞一樣，也被她孩子們的命運所激怒。瑞雅也和蓋亞一樣，決定有所回應。

宙斯的誕生

　　就像任何時代所有希臘的好女孩一樣，瑞雅向她的母親蓋

古代祭壇上的淺浮雕：被山羊阿馬爾塞（Amalthea）餵養的年幼宙斯。

亞請教。蓋亞則建議瑞雅回家。因此，當瑞雅懷了最小的兒子時，她回到大地，生下了宙斯。宙斯的出生地可能是里克托斯（Lyktos）、艾達山（Mt Ida）或迪克特山（Mt Dikte），總之這些地方都在克里特島（Crete）上。當克羅納斯適時出現，要吞下剛出生的宙斯時，瑞雅把一塊包著克里特島大石頭的襁褓交給他，讓克羅納斯誤信自己吞掉了最後一個孩子，於是就離開了。蓋亞帶走了她的孫子宙斯，一直祕密地撫養著，用野蜂的蜂蜜、阿馬爾塞（最早的山羊之一）的奶水餵養他。

天庭之戰：與泰坦的苦戰

儘管宙斯遠離了他父親警覺的目光，慢慢蓄積力量，但克羅納斯既強大又狡猾：如果宙斯想要廢黜他，就需要盟友。在蓋

後期文化藝術作品:宙斯的誕生

偉大的法蘭德斯畫家魯本斯(Peter Paul Rubens)創作了許多神話題材的畫作。在羅馬神話中,薩圖恩是宙斯/朱庇特的父親,他把自己的孩子吞入了腹中。魯本斯 1636 年創作的〈薩圖恩〉(*Saturn*)是一幅令人驚懼的畫作,畫面上的男子正撕咬著一個還活著的孩子。這一主題在 1820 年代初期哥雅(Francisco Goya)的黑色繪畫畫作〈農神吞噬其子〉(*Saturn Devouring One of his Sons*)達到高峰。與此相對的是宙斯倖存的主題,則是由巴洛克藝術大師貝尼尼(Gian Lorenzo Bernini)1615 年一座小型大理石雕塑〈山羊阿馬爾塞和嬰兒朱庇特與法翁〉(*The Goat Amalthea with the Infant Jupiter and a Faun*)充滿魅力地展現。

哥雅畫中噩夢般的克羅納斯。

亞的哄騙下，克羅納斯一一吐出了宙斯的哥哥姐姐，從最後吞下的到最早吞下的孩子；當他吐出他以為是宙斯的石頭時，戰爭就開啟了。宙斯從塔爾塔羅斯釋放了蓋亞被囚禁的孩子們，而克羅納斯為了捍衛自己的統治則召集了他其他的泰坦手足。這場戰爭最初從天庭開打，而且規模浩大，依據海希奧德的說法，在這 10 年中「無邊的海洋在周圍咆哮，大地砰然震響；寬廣的天宇在搖動中呻吟，高聳的奧林帕斯山因永生神靈的猛攻而搖晃」。最終，克羅納斯被擊敗了，和他一同對抗宙斯的泰坦族又再度被打入塔爾塔羅斯。

與巨人族的戰爭

但在宙斯確保當上宇宙的主宰之前，他還面臨著其他巨大挑戰，其中第一個挑戰來自巨人族──最初的巨人誕生自烏拉諾斯被閹割時飛濺到大地上的鮮血；就如同阿芙羅黛蒂的誕生，來自烏拉諾斯的陽具被丟棄到海洋所產生的泡沫。他們由阿特拉斯（Atlas）率領，拔起一座座山峰疊在一起，對奧林帕斯山

尼柯斯梯尼（Nikosthenes）製作的古希臘花瓶，畫面是準備與巨人作戰的諸神。

發起突襲，但以失敗告終。雄偉的奧林帕斯山位於希臘北部，是宙斯及其手足的居所與堡壘。

後世文化藝術作品：與泰坦族和巨人族的戰爭

諸神對抗泰坦族和巨人族的戰爭，是文藝復興時代及後來的啟蒙時代繪畫常見的主題，藝術家賦予啟蒙價值戰勝愚昧野蠻的寓意，以實現贊助人的宣傳目的。這樣的畫作例如：拉斐爾（Raphael）高徒羅曼諾（Giulio Romano）1530-1532年創作的〈巨人的滅亡〉（*The Fall of the Gigants from Mount Olympus*），維特華爾（Joachim Wtewael）1600年的〈眾神與泰坦之戰〉（*The Battle Between the Gods and the Titans*），以及巴耶烏（Francisco Bayeu y Subías）1764年的〈奧林帕斯：巨人的覆滅〉（*Olympus: The Fall of the Giants*）。

羅曼諾濕壁畫中的天庭之戰。

恐怖的堤豐

　　對宙斯權威的最終挑戰者，是最令人畏懼的堤豐（Typhon），他有 100 個頭顱，行動如颶風一般，口噴火焰。他是蓋亞最小的兒子，差一點就成功地把世界帶入黑暗與混亂之中。不過，宙斯透過獨眼巨人為他打造的雷霆獲得了新的力量，隨後就用雷霆重創堤豐，將他打入西西里的埃特納火山（Mt Etna）之下，此後堤豐每隔一段時間就在這裡徒勞地發洩狂怒，噴射火焰。

第 4 步　諸神間的瀑布效應 ◇

　　在宙斯以秩序的化身坐穩了奧林帕斯山上的寶座後，世界開始形成最終的形態。這是一個超自然的世界，一個屬於大神和次級神的世界，每位神都肩負著完成剩餘創造工作的責任。

被宙斯的雷霆重創的堤豐（細節圖）。

神的屬性

神可以透過兩種方式去實現他們被賦予的職能。第一種方式是透過「屬性」——神的不同面向，每一個面向對應著神所承擔的一種職能。因此，宙斯既是諸神之王，也掌管雷電天雲，他也是風暴之神，其他的屬性還有預言與治療之神、異鄉人的保護者。一個向神祈求神恩的凡人，應該呼喚他所要祈願的那位神的某種具體屬性。如果祈願實現，那麼他甚至可能會建座神廟來供奉這位神的這種屬性。

神的子女

諸神也會把一些職責移交給他們的後代。因此，你可以把神話世界想像成一堆神流入世界各處，各自位於一角，擔當一系列職能，然後他們又生出下一代神，位於更小的一角、擔任更次級的職能。比如，蓋亞的女兒蒂西絲（Tethys），就和歐開諾斯結合生下了大地的許多大河以及成千上萬的精靈（nymphs），每位精靈都在自己的洞穴或池塘間出沒。

深海之神澎濤士生下了「海之老人」涅羅士（Nereus），又叫做普羅特伊斯（Proteus），他能夠適應任何活動，或是把自己變成任何形態——「善變的」（protean）這個形容詞就是由此而來。澎濤士的後代「海精」（Nereids）會在每個海灣居住，有的住在深海，經常與海豚一道嬉戲。就像水的主神（澎濤士）生下了許多的次級神（涅羅士），而次級神又生下了更

後世文化藝術作品：蓋亞與澎濤士

蓋亞和澎濤士結合生下了涅羅士、陶瑪斯（Thaumas）、佛西士（Phorcys）、刻托（Ceto）和歐律比亞（Eurybia）。而啟發了法蘭德斯畫家魯本斯 1618 年的名畫〈地與水的結合〉（*Union of Earth and Water*）。在這幅畫作中，魯本斯借神話故事象徵荷蘭人封鎖了斯凱爾特河（River Scheldt），從而切斷商城安特衛普（Antwerp）與北海之間的通道。此外，著名的芬蘭作曲家西貝流士（Jean Sibelius）在 1913-1914 年間以「交響詩」《海之女神》（*The Oceanides*）為蒂西絲與歐開諾斯的後代譜寫了新篇。

多管理更小範圍以及職能更細化的神（海精）。其他主神也是如此，各自繁衍出成千上萬的子嗣，直到宇宙中從風到四季的每件事物，都有一位專屬的神為止。每個抽象的觀念都有一位神，或者它本身就是神；而每個洞穴都有山精，每片樹叢都有樹精（dryad）。

諸神的世界，人類的世界

新創的世界既帶有人文主義的色彩，又富有超自然的光輝。它帶著人文主義的色彩，是因為新一代神是自然界的一部分：他們雖然生而為神，卻並非全知全能。他們和人類有著同樣的價值觀、理想與挫折。儘管他們吃的是神餚，血管中流的是靈液，但他們還是需要進食、會覺得疼痛、會嫉妒憤怒，受傷時

也會流血。與人類不同的是，在各種力量之中的大神——希臘人稱其「守護神」（daemons）——肉眼看不見，卻又無處不在，能夠瞬間移動到很遠距離之外。不過，諸神行為背後的動機又很容易被人類理解，而且往往不怎麼令人讚賞。

由於神是自然界的一部分，神與人類也就如同人類與野獸之間逐漸演變的關係一樣，在當時，人類與神之間的界限並不像今天那樣涇渭分明。

在神和人類之間（神如何及為何創造人類是下一章的主題）還有許多其他的存有，例如牧神（satyr）具備神性的要素，但地位又比人類低。不僅是次級神，甚至連主神也熱中於與人類相愛，產生了混種的後代。

古代人生活在一個充滿神靈的世界裡，而且新神一直不斷湧現，甚至連酒神戴奧尼索斯（Dionysus）這樣的主神也來到人類社會（參見第 137 頁）。法翁（faun）和牧神在林谷間嬉戲，外貌像吸血鬼一樣的夜魔（stryx）這類更恐怖的生物則會在夜間出沒。就算表面上看起來像人類，也可能是偽裝身分在人間巡遊的神、半神或神之子，因為人類和神可以在任何層次上互動，就和兩個人類之間的互動一般，沒什麼區別。自然與超自然之間沒有界限之分——超自然本身「正是」自然的一部分。神話世界還在成形之中，而正如我們將看到的那樣，人類也完全參與過程。但世界的秩序已經完成了——它成了一個單一、有序的整體，或者正如希臘人所說的是一個「宇宙」（cosmos）。

2

潘朵拉
的孩子：
人類的故事

　　因為神話世界是一個萬事萬物緊密相連的整體，所以沒有任何一個簡單的敘事能清楚解釋始末。人類早在宇宙創造時就已出現，人類的故事與諸神的故事交織在一起，形成一張錯綜複雜的掛毯。要解開這張掛毯上的眾多線頭固然困難，但如果我們想要瞭解神靈與人類之間的互動，這麼做就非常重要了。人類甚至比某些神還古老，因此我們在繼續探討特定神與各自的故事（尤其人類在這些故事中都扮演著重要角色）之前，有必要先解釋人類在宇宙的位置。

第 1 部　人類的時代 ◇

溪谷的邊緣靜臥著兩塊要馬車才拉得動的巨石。
這巨石呈陶土色，並非你在鄉野田地間可見的泥土顏色，
而是像在溪谷與遍布砂礫的小溪間尋得的陶土顏色；
巨石夾著泥土的氣息，彷彿人類血肉散發出的味道。
當地人說起這些巨石，

乃是普羅米修斯曾經選來創造人類的陶土所遺留的。

————————————————保薩尼亞斯（Pausanias）
《希臘志》（*Guide to Greece*）第 4 章第 1 節

　　並非所有的泰坦族都與宙斯敵對。宙斯有一位泰坦盟友叫做普羅米修斯（Prometheus），他的名字有著「先見之明」與「預先謀劃」的概念。在克羅納斯還統治天庭的年代，普羅米修斯創造了一種能在大地行走，叫做人的生物。奧維德在《變形記》寫道：「（普羅米修斯）取了從天上降下的雨水，和地上的泥土混合，捏出前所未見的生物。因為，其他動物都看著地面，而這種造物卻把臉朝上望向星辰，看著主宰一切的天神，而天神的形象和他們是如此相似。」神與人類不僅是形貌一般，我們接下來將會看到更多相似點。

黃金時代 ◇

讓這個黑鐵時代終結吧，
而會升起一個（新的）黃金時代。

————————————維吉爾，《牧歌集》（*Eclogues*）第 4 篇第 9 行起

　　早期的人類全都是男性。在海希奧德描述的「黃金時代」裡，這些男人過著單身漢生活。「他們過得無憂無慮……他們不受邪惡影響，舉辦著宴會，一切美好的東西都屬於他們。」這般

愉快恬淡的生活是如何消失的並不為人知曉，關於黃金時代的結束有著種種很難統整的說法。不過，似乎是眾神意志的衝突導致了黃金時代的終結，而且女人的誕生並非巧合。

愚弄宙斯

普羅米修斯想要他的造物擁有最好的東西，然而他也接受人類必須向神獻祭。因此，他為晚餐宰殺了一頭大牛宴請宙斯，他事先將食物分成兩份：一份全是牛骨，上面巧妙地蓋滿一層脂肪；而另一份則都是牛肉和營養的內臟，然後裝在牛的瘤胃裡。狡猾的普羅米修斯對宙斯說：「偉大的宙斯，請你選擇一份吧，而剩下的那份在獻祭之後才留給人類吃。」宙斯輕易地看穿了他的伎倆，而且為此大動肝火。然而他還是選擇了全是脂肪和骨頭的那一份，於是眾神以後只能得到獻祭動物的脂肪與骨頭。但讓神得到較差的那一份是要付出相應代價，由於普羅米修斯的放肆，宙斯決定將懲罰降臨在他深愛的造物（人類）身上。

普羅米修斯盜火

宙斯裁定人類將無法獲得火的奧祕，而不知用火的人類將會一直停留在原始的野蠻狀態，僅比動物好一點而已。但執著的普羅米修斯把火種藏在一根空心蘆葦之中，交給了人類。當宙斯後來從天庭俯視大地，發現了地上的火光與天庭的繁星交相

宙斯的憤怒：阿特拉斯與普羅米修斯受到極其殘忍的懲罰。

輝映時，他便明白普羅米修斯違抗了自己的旨意。

　　宙斯的憤怒無比恐怖。他下令將這位性情溫和的泰坦綁在遙遠的高加索山脈之上，又派了老鷹去啄食他的肝臟。不朽的普羅米修斯並不會死亡，過了一夜他的肝臟就會重新長出來，第二天在劇痛中再次被老鷹吃掉。

潘朵拉

在宙斯的命令下，赫費斯托斯用陶土造出一具女人的軀體。雅典娜賜予她生命，而剩下的諸神也紛紛送上禮物。因為得到了這些禮物，她從此被稱為潘朵拉（Pandora，意思是「獲贈萬物的」）……碧拉（Pyrrha）是她所生下的女兒。

──────希吉努斯（Gaius Julius Hyginus），《傳說集》（*Fabulae*）第 142 篇

後世文化藝術作品：普羅米修斯

普羅米修斯的傳說具有自我犧牲、無私奉獻、苦難及救贖等深刻主題，因此在各個藝術領域都引起迴響並不足為奇。在戲劇和詩歌領域中，雪萊（Percy Bysshe Shelley）重新改編了古希臘劇作家埃斯庫羅斯（Aeschylus）的《解放普羅米修斯》（*Prometheus Unbound*）。20 世紀，德國作曲家華格納－雷吉尼（Rudolf Wagner-Régeny）創作歌劇《普羅米修斯》。在繪畫領域也有很多對普羅米修斯神話的闡釋：從科西莫（Piero di Cosimo）1515 年的〈普羅米修斯的神話〉（*Myth of Prometheus*）到巴卜仁（Dirck van Baburen）1623 年的〈被霍爾坎鍊住的普羅米修斯〉（*Prometheus Being Chained by Vulcan*）。19 世紀的莫羅（Gustave Moreau）透過表現主義的形式描繪了這個主題，而當時波蘭滅國的情境又觸動畫家韋爾內（Horace Vernet）於 1831 年創作了〈波蘭的普羅米修斯〉（*The Polish Prometheus*），畫面上一個斜倚的波蘭士兵正被象徵著俄國的老鷹啄食。以普羅米修斯的傳說為主題創作的藝術品中最為人稱道的是，雕塑家亞當（Nicolas-Sébastien Adam）1762 年創作的一尊大理石雕像，該雕像現藏於巴黎羅浮宮博物館。

花了雕塑家亞當 27 年時間才完成的〈被縛的普羅米修斯〉（*Prométhée Enchaîné*）。

　　盛怒未消的宙斯將怒火又投向了人類。他為了傷害人類，準備了「一個美麗的邪惡，來平衡人類得到火的祝福」，並為她取名為潘朵拉。宙斯身邊的其他神，尤其是幾位女神，為赫費斯托斯（Hephaestus）的這件造物準備了許多禮物作為嫁妝帶給人類，希望這些禮物能夠減輕危害。不過，潘朵拉收到的這些禮物需要經過馴化才能為人類所用，它們先被收在一個大甕之中──後世的人們稱它為「潘朵拉的盒子」。

　　不過，宙斯給了潘朵拉一件「禮物」就足以抵消其他神的所有努力：也就是無法壓抑的好奇心。潘朵拉一來到大地上就迫不及待地打開蓋子，想看看到底有哪些禮物。原本被封在大甕中的造物一下子就飛了出來，但這些未經馴化的造物立刻就變成了折磨人類的絕望、嫉妒、憤怒、無數的疾病與虛弱。唯一被關住的是「希望」，它被困在瓶口下牢不可破的瓶腹之中，因此人類還有機會去馴化「希望」，與之為友，就像甕中原來的「禮物」那樣，但要如何去馴化它們，我們就無法想像了。

潘朵拉從大地出現。

海希奧德用他那暴躁而不可原諒的厭女腔調說道：「潘朵拉帶來了毀滅性的女人，她們與男人同住……將男人辛勞的成果吃進自己的肚子裡。」宙斯的確精明又狡猾，因為「不願結婚的男人，到了可怕的晚年，孤寡一人又窮困潦倒」。

後世文化藝術作品：潘朵拉

潘朵拉的故事在繪畫、雕塑與音樂領域一直被頻繁地當作主題，並不讓人驚訝，一些著名的作品如下：烏爾西諾（Gennaro Ursino）1690 年的歌劇《潘朵拉》；艾夫斯（Chauncey Bradley Ives）1864 年完成的大理石雕塑；在繪畫領域，從 1550 年代的庫桑（Jean Cousin）到 19 世紀的阿爾瑪・塔德瑪爵士（Sir Lawrence Alma Tadema）、華特豪斯（John William Waterhouse）、加略特（Paul Césaire Gariot），還有不計其數的現代畫家都曾以潘朵拉為題。

無論在地上還是天上，人們都能看到潘朵拉的存在。土衛十七、小行星，還有加拿大在北極圈內的一座島嶼，以及美國俄亥俄州和德州的兩個小鎮，都以潘朵拉為名。除此之外，英國皇家海軍自 1779-1942 年服役的一系列戰艦、天蛾科的一個亞種，以及一家出版社也以潘朵拉為名。

潘朵拉故事本身引發的豐富聯想也使得這個名字始終為流行音樂、暢銷書籍及電影片名所愛。例如史密斯飛船（Aerosmith）的專輯《潘朵拉的盒子》，德國電影《潘朵拉的盒子》，影集《通天追擊 48 小時》（*Pandora's Clock*）等。潘朵拉的名字也常常在科技革新或科幻作品出現，比如著名科幻電影《阿凡達》（*Avatar*）其中的星球就叫做潘朵拉。

白銀時代 ◇

　　潘朵拉無意間釋放的邪惡之流，將世界帶進白銀時代——顧名思義，白銀時代比黃金時代要略遜一籌。孩童交由母親帶大，直到長大成人步入世界之前，都被母親的圍裙帶小心翼翼地拴著；（因為成長過程中受到太多的女性因素影響）人們彼此互不信任，對神的信仰也不堅定。隨後暴力、肆意背叛、瀆神行為橫行於世，即使是已經長大成人的孩子離開母親的庇護後，也活不了多久。最終宙斯把白銀時代的人類視為失敗之作，從大地上徹底消滅了。

青銅時代 ◇

　　白銀時代之後是青銅時代，這是一個戰亂的年代。因此，這個時代的戰士幾乎從不脫下自己的銅盔，一些後世的詩人形容他們是青銅戰士。戰火連年不息，即使是戰神阿瑞斯（Ares）（參見第 123 頁）也不得不承認，雖然他如魚得水，但戰爭已經到了過猶不及的地步。至於其他神，尤其是強大的宙斯，早已厭煩了青銅時代，他們甚至懷疑可能不待宙斯動手消滅這個種族，這些不斷征戰的戰士就會在互相廝殺中殲滅彼此。

　　他們差點就這麼做了。根據海希奧德的說法，青銅時代的人類已經完全被自我毀滅的慾望所驅使，不過這帶來了新的疑問：為什麼宙斯還是親手實施了摧毀人類的計畫？所有神話故事都說，毀滅大致上是這樣上演的：宙斯這位眾神之王掀起了

一場巨大的洪水，把所有人類從大地上一掃而空。故事的某些版本，則描述最後一根稻草是有位國王把自己的兒子獻祭給宙斯，他認為這麼做可以取悅神，但讓宙斯大為驚駭，成為他最終決定消滅人類的原因。

琉克里翁的方舟

雖然普羅米修斯承受著永無休止的酷刑，然而他還是密切關注著事態發展，注意著他的造物，尤其是他的兒子琉克里翁（Deucalion）的動向。琉克里翁的妻子是潘朵拉的女兒碧拉，她有一頭如火焰般鮮紅的頭髮。眾神的兒女都十分長壽，很顯然這對夫婦活過了邪惡的白銀時代與凶暴的青銅時代。普羅米修斯決定讓他們也能從洪水倖存下來。所以，他叫琉克里翁先造好一艘方舟，憑藉著方舟他們夫婦安然度過了洪水。最終洪水退去，琉克里翁和碧拉發現方舟停在一座山峰上。他們到底到達了哪座山峰，後世一直爭論不斷，西西里人（Sicilians）、迦勒底人（Chalcidians）和帖撒羅尼迦人（Thessalians）都聲稱自己家鄉的秀麗風景應該獲取這份殊榮。不過一般認為，琉克里翁著陸的地方應該是德爾斐（Delphi）附近的帕納蘇斯山（Mt Parnassus），德爾斐原本是阿波羅（Apollo）的夏季居所，日後成了他神廟的所在地。

古代和現代的斷代

一個有趣的巧合是，現代考古學家所謂的鐵器時代與古希臘傳統中的黑鐵時代晚期（也就是古典時代早期）有大部分是重疊的。古代人稱作英雄時代初期，就現代術語來說則是考古學上的青銅時代。而如果神話的英雄表現得像是失控的青少年，很可能因為他們的確正值青春期。考古學證據顯示，青銅時代貴族出身的英雄，通常都有短暫而盪氣迴腸的一生。儘管有些人可能可以活到 60 歲，但對大多數人來說，死亡如影隨形，早早就被奪去了性命。女性 13 歲生子，20 歲抱孫，30 歲就去世，也是當時常見之事。

黑鐵時代：人類的重生 ◇

　宙斯看到了自己行動的戲劇性後果後，怒火也平靜下來，他向從洪水中倖存的琉克里翁夫婦發出一條神諭：「保護好你們的頭顱，然後向肩後拋灑你母親的骸骨。」起初琉克里翁和碧拉陷入困惑，因為他們已經不知道潘朵拉的遺體落在何處了，不過不久他們就意識到神諭提到的母親是指萬物之母蓋亞，而她的骸骨就是地上隨處可見的石頭。隨後琉克里翁和碧拉按照神諭指示，向肩後拋出石頭，石頭一落到地就開始變軟，漸漸長成人形。琉克里翁投出的石頭變成了男人，而碧拉投出的石頭變成了女人。就這樣，黑鐵時代的第一代人類誕生了，日後他們生活於英雄時代，成為神話庫裡的主要內容。

　英雄時代之後就是最早編撰神話故事的吟遊詩人荷馬和海

希奧德的時代。當然稱這個時代為「黑鐵」，並不是因為這時開始使用鐵製工具，即使到了荷馬的年代，仍廣泛使用青銅器具，「黑鐵」之名，是用來與「黃金」「白銀」「青銅」相比，顯然這個時代相對平庸。

幾個世紀之後的黑鐵時代晚期（有位古歷史學家沉痛地稱這時已是「鐵鏽時代」了），這時人們認為他們的宇宙已經完整而有序。最後一批怪物已經被最後的英雄殺死，儘管眾神及其他超自然實體對人類事務還具有濃厚的興趣和影響力，但他們現在已經不再親自干預了，而是透過人為或自然因素作為媒介。

對那些生活在西元前 600 年之後的人們來說，世界早已成熟，甚至是走向老化了。沒有人猜測黑鐵時代之後會是什麼時代，因為他們覺得自己無須多想這個問題，黑鐵時代的人們相信，接下來世界將走向毀滅，萬物即將終結。

第 2 部　神話中的地景 ◇

神話對於希臘化世界的影響之大，只需瞥一眼地圖集就能明白。事實上，希臘化的（Hellenistic）和地圖集（atlas）兩詞分別源自於希臘神話的兩位人物：赫楞（Hellen）與阿特拉斯（Atlas）。

希臘人（The Hellenes）

　　我們先前已經提到過，第一個人類琉克里翁是如何在大洪水倖存下來，並讓人類重新繁衍生息。他的兒子名叫赫楞。赫楞的孩子起初定居在塞薩利（Thessaly），後來又散布到整塊叫做海拉斯（Hellas）的地方，這個名字一直保留到了今天，希臘人仍這麼稱呼自己的家鄉。

　　希臘世界的其他區域，有些名稱也是來自琉克里翁的孫輩及後裔：

多洛斯（Dorus）

　　向南遷徙，從他的名字中衍生出了多利安人（Dorians），這個民族包括了後來的斯巴達人（Spartans）。還有一種建築風格「多立克柱式」（Doric）也因多利安人而得名，以這種風格建造的最著名建築就是雅典的帕德嫩神廟（Parthenon）。

克蘇托斯（Xuthus）

　　是伊翁（Ion）之父。不過還有個說法稱伊翁是克蘇托斯的養子，而他的生父則是阿波羅，阿波羅引誘了克蘇托斯的妻子克瑞郁莎（Creusa），使她生下了伊翁。伊翁成為雅典人的戰爭領袖，因此雅典人後來自稱為依奧尼亞人（Ionians）。除了雅典人以伊翁為名，愛琴海諸島及小亞細亞的希臘人也將他們的家鄉稱為依奧尼亞（Ionian）。

福伊貝神（Phoebus）啊！提洛聖島（Delos）上的人最討你的歡心，
因那裡身著長袍的依奧尼亞人帶著羞赧的妻兒，
從四面雲集而來，只為一睹您的榮光。

————————《荷馬讚歌 · 致阿波羅》（*Homeric Hymn to Apollo*）
第2段

　　和「多立克柱式」一樣，「依奧尼亞柱式」也是禁得起歷史考驗的一種建築風格，這點你只需要看一下很多著名建築物的立柱就可以確定了，包括倫敦的大英博物館、華盛頓的美國財政部大樓都是經典的「依奧尼亞柱式」建築。

阿凱烏斯（Achaeus）

　　是雅典以西的希臘人的祖先，他們因此得名亞該亞人（Achaeans），亞該亞人主要由阿爾戈斯人（Argos）和邁錫尼人（Mycenae）組成，因此荷馬也稱特洛伊戰爭為特洛伊人（Trojans）和亞該亞人之間的戰爭。後來這些自稱阿凱烏斯後人的亞該亞人與自稱赫楞另一個兒子埃歐洛斯（Aeolus）後人的埃托利亞人（Aetolians）進行了連年苦戰，這些埃托利亞人定居在塞薩利南部與希臘的遠東。

愛奧（Io）的孩子

　　在有紀錄可考的年代之前，希臘文化就已經在地中海東部地區廣為流傳了。儘管按照今日的觀點，這可能是由於戰爭和

一個製作於西元前 6 世紀的雙耳陶罐上荷米斯（Hermes）偷走母牛愛奧（Io）的畫面。

貿易路線的開拓所致，不過古希臘人將此歸功於一位阿爾戈斯的美麗公主愛奧。根據神話，愛奧的子女不僅幫助形塑了一些希臘城邦的雛形，也影響了周邊的許多其他國家。愛奧後代構成的龐大家族最終將和另外兩支家族（阿特拉斯家族和赫楞家族）交融，共同構成希臘的神話世界。

愛奧在被變成一頭母牛後（參見第 51 頁專欄），穿越海峽游到小亞細亞，而她穿越的那條海峽後來叫做博斯普魯斯（Bosporus），意思就是「牛穿過其間的」。愛奧發現自己在東方也無法安頓下來之後，轉而游向南方，最終在那邊生下了腹中懷著的宙斯之子。她到達的這個國家就是埃及（Egypt），其名字就是以愛奧的一位後代埃吉塔斯（Aegyptus）為名。愛奧還有另一個受到宙斯臨幸所產下的後代歐羅芭（Europa），歐洲便是以她的名字命名。

特洛伊戰爭（參見第 253 頁）中阿爾戈斯人的國王阿格門儂（Agamemnon）也是愛奧的後代佩羅普斯（Pelops）的後人，

宙斯和愛奧

如果妳是一位生活在早期世界的公主，不幸地又姿色過人，那麼宙斯就是妳的威脅之一，那時世界人口還不多，宙斯格外熱中於引誘美麗的公主來為人類增添後代。宙斯小心翼翼地用雲遮住阿爾戈斯，讓妻子赫拉（Hera）不會發覺，強姦了愛奧。不過，多疑的赫拉很快就驅散雲層，準備前來問罪，宙斯立刻把愛奧變成了一頭白色的母牛。赫拉並沒有這麼輕易就相信宙斯，她要求宙斯將這頭母牛送給她，宙斯為了不讓計謀暴露只好答應。赫拉下令百眼怪阿古士（Argus）看管這頭母牛，以便好好盤查牠的來源。不過宙斯派荷米斯偷走了愛奧，還在過程中殺死了阿古士。赫拉把阿古士的一百隻眼睛放在自己的聖鳥孔雀的尾巴上，又派出了一隻大虻去折磨愛奧，讓她不得安生。

佩羅普斯原本是呂底亞人（Lydia），後來移居到了小亞細亞，伯羅奔尼撒半島（Peloponnese）就是以他的名字所命名。

愛奧的後代還出現了其他幾位英雄人物，其中最著名的要數柏修斯（Perseus）和海克力斯，後者在地理研究中地位舉足輕重，因為有很多古代城鎮為了紀念這位半神的英勇事蹟都取名為赫拉克利亞（Heraclea）。其中一個羅馬城鎮赫庫蘭尼姆（Herculaneum），在維蘇威（Vesuvius）火山噴發時，與龐貝（Pompeii）一道被泥石流掩埋。

達那俄斯的女兒們

愛奧的另一位後代，達那俄斯（Danaus）回到了他祖先的故鄉，成了阿爾戈斯城邦的國王。他生下許多孩子全都是女兒，而埃吉塔斯國王有 50 個兒子，因而打定主意要讓兒子們迎娶達那俄斯的女兒們，以此併吞阿爾戈斯，讓巨大的帝國版圖更擴張。達那俄斯假裝沒有識破埃吉塔斯的詭計，要他的女兒們在新婚之夜殺了丈夫——除了海柏涅絲塔（Hypermnestra）真的愛上了自己的丈夫，沒有動手。達那俄斯的女兒們後來嫁給了阿爾戈斯的青年。所以到了特洛伊戰爭時，「達那俄斯的」和「阿爾戈斯的」幾乎是同義詞。這也是為什麼如今的諺語「小心希臘人帶來的禮物（例如特洛伊木馬）」在拉丁語中的版本就是 Timeo Danaos et dona ferentes，直譯就是：我害怕達那俄斯的女兒們，哪怕她們是帶著禮物來的。

特洛伊和亞洲

泰坦阿特拉斯是普羅米修斯的兄弟，他以自己的名字命名了一座北非山脈及主要山峰。正是他帶領著巨人反叛宙斯，宙斯為了懲罰他，讓他必須擔負用雙臂支撐天空的任務。

阿特拉斯在進攻天庭之前，已經生了一些孩子，其中就包括普勒阿得斯（Pleiades）七姐妹（參見第 121 頁）及一個叫做戴歐妮（Dione）的女兒。七姐妹中的伊蕾特拉（Electra）生了達爾達諾斯（Dardanus），後來的羅馬行省達爾達尼亞（Dardania）

就是以他的名字命名。後來建立伊利烏姆城（Ilium）的伊魯斯（Ilus），其祖先也是達爾達諾斯；而伊利烏姆城就是今天所說的特洛伊。有些人認為特洛伊附近的達達尼爾海峽（Dardanelles）也是以達爾達諾斯的名字命名，第一次世界大戰曾在這裡發生一場極度慘烈的戰役。

　　阿格門儂的祖先佩羅普斯是戴歐妮的後裔，所以某種程度上可以說特洛伊戰爭是一場家族內戰（儘管兩家的親緣已經非常遙遠）。後來，羅馬人把特洛伊人阿伊尼斯（Aeneas）奉為祖先，由阿伊尼斯可以上溯至達爾達諾斯，最終追溯到阿特拉斯。阿特拉斯的母親是克呂墨涅（Clymene），不過有些則認

現藏於羅馬的阿特拉斯像。

為他的母親是亞洲女神（Asia）。希臘人眼中的亞洲基本上只相當於今天土耳其的一部分，不過現代詞彙中的亞洲已經是世界上人口最多的人類家鄉了。

第 3 部 人類的旅程 ◇

對於古希臘羅馬人來說，人類的靈魂和神一樣，都是不朽、無法摧毀的。不過另一方面，人類的肉體卻終有一死，令人苦惱。即使神沒有下令讓你得到一個轟轟烈烈的結局，你終究要面臨腐爛和死亡的命運。不過對於古代人來說，死亡不過意謂著踏上靈魂發展的另一階段而已，正是這樣的觀念才使得古典神話與宗教融為一體，事實上我們應當意識到古代世界的神學是一套清晰、邏輯完善的信仰體系，其複雜程度和今天仍存在的宗教一樣。每個人從生到死、以至於死後的整段旅程，再明白不過地呈現出這套思想。

人世生活

在古典神話中，所有的造物在被造時都被注入了神的精神。西元 1 世紀羅馬詩人維吉爾在《阿伊尼斯記》（Aeneid）中將這一切表達很清楚：

從移動宇宙的神聖本質之中，出現了所有生命，人類、動物、鳥類，
甚至在平滑如大理石般的海面下，在海洋深處移動的怪物。每個心靈
和靈魂的起源，他們的開始與力量都是出自於激昂的天庭。

—————————維吉爾，《阿伊尼斯記》第 6 章第 725 行起

　　雖然人類的精神來自天庭，但肉體卻是由普羅米修斯用大地
泥土塑造出來的。儘管人類想要體驗人世生活需要一副肉體，
但對靈魂來說，身體也是「一間暗無天日的牢房」。靈魂被困
在軀殼之中，只能透過簡單粗糙的肉體去經驗外在的現實，而
且靈魂會時常受到世俗之身的粗鄙慾望與一時狂熱所支配。正
如柏拉圖（Plato）著名的比喻：我們對現實的感知就像是外部
世界投射在洞穴壁上的影子一樣。精神在肉體中朽壞，而後在
冥界才得以緩慢淨化。

　　希臘神話中的冥界並不是專為苦難與懲罰而設的地獄。人在
現世的所作所為當然會影響死後世界的遭遇，不過總的來說，
古典世界在這方面的觀念與同時代及後來的許多文化相比，審
判意謂顯然輕多了。部分原因是人還在母親子宮時，他的命運
就已經被恐怖的摩伊賴三姐妹所決定了：克羅托（Clotho）紡
織生命之線，二姐拉切西斯（Lachesis）丈量線的長度。（摩
伊賴三姐妹是倪克斯的女兒，又被稱作「命運三女神」，不過
在希臘文原來的意思更接近「分配者」。）由於摩伊賴的關係，
人類在塵世要經歷的一切早已注定好——真正重要的是，人不
朽的精神要如何面對命運加在他身上的諸多苦難。

　　不過更進一步說，古希臘人認為人的性格在出生之刻已經

決定了，命運三女神正是透過這種方式來影響人走上他命中注定的人生之路。人類唯一能做的就是假定自己擁有與生俱來的高貴本性，在經歷命運的考驗時能忠於自己的人格（大多數英雄的人格都是透過異常嚴酷的試煉，這點在希臘悲劇中尤為明顯）。簡而言之，對你的衡量並不是你的一生做了什麼，而是你能否一直堅守自己的人格。就這方面來說，古希臘羅馬人對於生而為人的意義有著獨到的見解。成功或失敗都是命中注定，事實上，想要知道自己的命運，只要你不辭辛勞地求到神諭即可。真正重要的是，你要如何面對這樣的命運。

對於古代人來說，靈魂在塵世的旅居就好比在健身房進行高強度的訓練。那不過是一段短暫的時光，在難以承受的重壓下，你要麼成為更高尚的人，要麼被生命徹底壓垮。當你在人世預定的時間到了，你將不得不離去。古典神話裡讓生命終結的是第三位命運女神，她將會剪斷生命之線，讓你的生命走到盡頭。第三位命運女神叫做阿特洛波斯（Atropos），希臘文

提托諾斯以及永生的危險

凡人常使用詭計想要欺騙死神，不過大多沒有好下場。黎明女神伊奧絲曾請求宙斯讓自己的人類情人提托諾斯（Tithonus）不死。所以提托諾斯不會死亡，但他變得越來越老，越來越乾瘪萎縮，最終他變成世上第一隻蚱蜢。因為永生一旦被賦予就無法收回，所以現在他大概還在某地以蚱蜢的樣子跳來跳去。

中的意思是「不可阻攔的」，現在有種致命劇毒就叫做阿托品
（atropine）。

死後世界

你的睡眠使靈魂永遠脫離身體強大的連結。
如果你要將誰擁入懷中，無論男女、小孩都無法逃脫。
你對青春年少的生命也沒有憐憫，
力量和活力最終都將放棄抵抗。
這裡是自然工作的終結，你對誰都一視同仁。
任何哀求禱告，你都不為所動。

　　　　　　　　　　——《奧菲斯教禱歌 · 致死神》第 86 首

　　對於古希臘羅馬人來說，死亡只是一個新的開端。如果亡者
的親屬做完了一切當做之事，辦好妥當的葬禮，那麼亡者就會
遇到荷米斯，他能庇佑跨越邊界的人。他會把最近離開塵世的
亡者帶到隔開現世和冥界的大河，想要進入冥界的亡者必須渡
過這條河。

　　有位船夫守衛著這條河流。他就是可怕的卡戎（Charon），蓬頭垢面，
下巴留著濃密蓬亂的白鬍鬚，汙穢的外罩打個結掛在肩上。卡戎年事
已高，但依然炯炯有神，眼睛如同冒火一般。他親自撐船，操縱船帆，
用他這艘老朽的渡船送每個靈魂過河。

　　　　　　　　　　——維吉爾，《阿伊尼斯記》第 6 章第 290 行起

　　船夫卡戎，是夜神倪克斯／厄瑞玻斯（參見第 17 頁）所生下的孩子，因此他也是神。他為宙斯的兄弟黑帝斯服務，有一次，尚在人世的海克力斯強迫卡戎載他渡過冥河，暴怒的黑帝斯用鎖鏈綁住卡戎整整一年。搭乘卡戎的渡船並不是免費的，河岸擠滿了因沒有得到正式安葬而付不起船費的亡魂（古希臘人會在屍體上放一枚銀幣，通常放在眼瞼上或嘴上）。我們並不知道卡戎收下這些銀幣後要做什麼——因為這艘渡船殘破不堪，卡戎也衣衫襤褸，顯然亡者交出的銀幣並不是拿來修理渡船或打理形象。

　　很多人都相信分開生死兩界的那條河就是傳說中的斯堤克斯（Styx），斯堤克斯是「仇恨」之意；不過還有種說法認為是位於希臘西北部的阿刻戎河（River Acheron）。人們之所以認為這條河是從大地流向冥府，是因為在河的源頭附近有一系列地勢險峻的峽谷，河水要經過一連串可怕峽谷垂直下落。古希臘人認為在這個過程中，河水的一些支流就這樣直接沖入冥府，其餘則安然流向海洋。

　　活著的靈魂想要進入冥界並不容易，因為冥府的入口由巨大的三頭犬賽柏拉斯（Cerberus）看守。如果活人想要闖入他看守的大門，賽柏拉斯會確保讓他加入亡者的行列。

亡者的鬼魂

　　米諾斯國王（King Minos）是歐羅芭（參見第 50 頁）的兒子，生前曾以立法者聞名，死後成為冥府的判官。他仲裁亡者

後世文化藝術作品：卡戎

卡戎的形象是如此強大，以至於現藏於西斯汀教堂（Sistine Chapel）裡由米開朗基羅（Michelangelo）1537-1541 年間完成的基督教主題畫作〈最後的審判〉（*Last Judgment*）都有卡戎的形象。這幅畫中的卡戎某種程度上是以他在但丁（Dante）《神曲·地獄》（*Inferno*）的形象為藍本的，而《神曲·地獄》是用基督徒的觀點描繪前往拜謁古代冥王黑帝斯的旅程。下面一些作品中，卡戎還保持著希臘神話的原本形象：蘇貝雷羅斯（Pierre Subleyras）1730 年代的〈冥府渡船夫〉（*Charon Ferrying the Shades*），以及現藏於馬德里普拉多美術館（Prado Art Gallery）帕蒂尼爾（Joachim Patinir）1515-1524 年的傑出畫作。不過在現代，他應該是因為克里斯·迪博夫（Chris de Burgh）1982 年的流行單曲〈不要付給船夫錢〉（Don't Pay the Ferryman）而最為人熟知。

卡戎是米開朗基羅〈最後的審判〉中唯一一位神話人物。

之間的爭端，不過還有人說他同時也會粗篩新來靈魂的去向。不是所有人的靈魂都會來到黑帝斯的大殿。一些靈魂會繼續自己的旅程，前往受到諸神庇佑的島嶼——極樂之地（Elysian Fields）。這片土地是預留給那些在塵世證明了自己的榮耀與高尚的英雄，當他們的塵世旅程結束了，就被迎入此地。除了被邀請加入諸神的行列之外，對於凡人來說這應該是最好的歸宿了。

另一方面，還有一些人生前的作為根本不配為人。因為人的靈魂和任何神一樣不可摧毀，即使是神也無法毀滅這些墮落的靈魂。因此他們最終被扔進塔爾塔羅斯這個巨大的垃圾堆。他們和巨人族、泰坦族及其他永遠不能再踏上大地母親蓋亞的怪物囚禁在一起。

大多數人類最終在冥府中都化為鬼魂（shade）的形態。鬼魂與亡者本質上是同一個人，只是鬼魂停駐在一種十分虛弱的形態。鬼魂還能記起，甚至十分渴望塵世的強烈感覺與激情。只要舉行正確的儀式就能將鬼魂從冥府喚出，鬼魂甚至可以和活人交談。奧德修斯（Odysseus）就曾經為了尋求建議召喚鬼魂（參見第 288 頁），他把獻祭的獸血倒入事先挖好的小坑，供奉鬼魂。

我拉過獻祭的羊隻，對著深坑割斷牠們的喉嚨，
烏黑的鮮血向外湧流。
亡者的靈魂紛紛從昏暗處前來。
有新婚的女子、未婚的少年、年長的老人，

無憂慮的少女尚不知悲傷為何物。

──荷馬，《奧德賽》第 11 卷第 20 行起

　　向亡者尋求建議很可能用處有限，畢竟鬼魂的頭腦也如他們的身形一般虛弱，不過所幸他們通常還保有生前清晰的記憶。那些曾擁有最波瀾壯闊人生的英雄到了黑帝斯蒼白而乏味的冥府，受罪最苦，就像阿基里斯那段著名的冥府哀訴一樣：「我寧願為他人耕種田地，被雇受役使，縱然他無祖傳地產、家財微薄、度日艱難，也不想統治所有逝者的亡靈。」

　　人在冥府中的時間長短並不固定，一些古代先哲認為大概需要一千年來滌清肉體堆積下來的世俗慾望和人類情感。具體的時間是依據亡者之前經歷的人間生活的品質。

　　一個墮落的人需要很久才能濾清靈魂的汙染，而虔信苦修者卻只需要簡單地清洗一下自己的靈魂就可以了。不過對於所有人來說，在冥府駐留的時間都遠遠超過塵世壽命，因此並非地面上的世界，而是黑帝斯的冥府才是人類真正的家園。

冥府中的奧菲斯

　　奧菲斯（Orpheus）是繆斯姐妹中主司史詩的卡莉娥比（Calliope）的兒子。他跟隨阿波羅（參見第 111 頁）學習七弦琴，據說他彈奏七弦琴時甚至連樹木和岩石都會傾聽他神聖的琴聲。他狂熱地愛著自己的妻子尤瑞迪絲（Eurydice），尤

奧菲斯用琴聲打動野蠻的賽柏拉斯。

瑞迪絲死後奧菲斯悲痛萬分，最終他決定前往冥府將愛妻救回來。他的琴聲甚至感動了路上的卡戎和賽柏拉斯，他最後透過一曲哀歌祈求黑帝斯和波瑟芬妮（Persephone）成全。

　　冥府可怖的統治者最終同意讓尤瑞迪絲跟隨奧菲斯離開冥府，不過黑帝斯要求奧菲斯不能回頭看，連一眼都不行。但當奧菲斯就要離開冥府時，他突然覺得這可能是個詭計，只是騙他不聲不響地離開。所以他向後看了一眼，想看看尤瑞迪絲是不是確實跟著他。尤瑞迪絲的確就在他身後，不過在他看見的那一瞬間，就打破和黑帝斯的約定了，善妒的黑帝斯立刻抓回尤瑞迪絲。從此奧菲斯再也沒能和她相見。

後世文化藝術作品：奧菲斯

把另一位音樂家的事蹟改編成歌劇──奧芬巴哈（Jacques Offenbach）怎能抗拒這種誘惑？《黃泉下的奧菲斯》（*Orpheus in the Underworld*）在 1850 年代首演，將原來的故事徹底改編成法國化輕歌劇，巴黎人透過這齣劇碼首度接觸以高踢腿為特色的康康舞。相比之下，1607 年蒙特威爾第（Claudio Monteverdi）創作的歌劇《奧菲斯》（*L'Orfeo*）無論在內容和精神都更忠於神話。在雕塑領域，以奧菲斯和尤瑞迪絲為題材的作品有：卡諾瓦（Antonio Canova）1775 年的雕塑，邦迪奈利（Baccio Bandinelli）文藝復興時期的雕塑〈奧菲斯〉，後者現藏於佛羅倫斯。在繪畫方面，這一題材的作品有：普桑（Nicolas Poussin）1650-1653 年的〈奧菲斯和尤瑞迪絲〉，同時代的庫普（Albert Cuyp）在約 1640 年開創了日後非常流行的「奧菲斯用他的琴聲迷住動物」的繪畫主題。

普桑傑作中尤瑞迪絲跟在奧菲斯身後的場景。

在後來的幾個世紀，奧菲斯成為了奧菲斯祕教的根基。奧菲斯教徒留下了許多獻給神的動人禱歌：

求妳傾聽，女神啊！來自祈求者的聲音，
那些白天黑夜、短暫時間都向妳祈求著，
請賜我以和平、健康，還有我所需要的財富，
但更重要的是，在這裡是妳的崇拜者，
向妳讚美，妳是藝術的保護者，是有著藍眼明眸的少女！

———————————《奧菲斯教禱歌‧致雅典娜》第 31 首

重返塵世

你將在黑帝斯之家的左邊看見一汪泉水，
……你要告訴他們：「我是大地和布滿星辰的天庭之子，
我是天空的後代。快些給我那清澈的泉水吧。」

———————義大利佩梯利亞（Petelia）古墓中的銘文

最終每個鬼魂都會被帶入冥府遙遠的盡頭，「遺忘之川」（River Lethe）從石頭上涓涓流淌，這裡正是夜神倪克斯的居住之處。柏拉圖設想這裡有一處供鬼魂臨時停駐的地方，由斯芬克斯（Sphinx）主掌，並為靈魂選定來生的角色。不過選擇含有運氣的因素，而我們生活有運氣（lottery）的成分，才會有「命運」（lot）。並非所有人都適合每種命運。一些剛剛

由動物轉生的靈魂，可能需要要求不高的人生（我們至少都接觸過一兩個這樣的人），而前生曾經當過人類，可能渴望過著安定的田園生活，如果這樣，就可能轉生成某隻在牧場安然吃草的母牛。

那些未經世事的靈魂，可能會樂於轉生為國王或暴君，而其他則會選擇短暫的人生，充滿了痛苦與喜悅，以及精神上的滿足。柏拉圖告訴我們，曾經歷盡艱險的奧德修斯轉生時選擇了作為普通人的平凡生活。

所有鬼魂都將飲下遺忘之川的河水。他們就會立刻喪失前世的記憶。他們的靈魂重歸純淨，前世的情感與罪惡都被洗清了，無論怎樣的過去都已刪除，但前世經歷在人格仍會保留下來。靈魂將陷入沉睡，醒來時將以選擇的初生之姿重返塵世，而新的冒險歷程正等著他們。

一些希臘教派宣稱只要不飲下遺忘之川，轉而去喝旁邊記憶女神寧默心的泉流，人在重返塵世時就能保留前世的記憶。

遺忘之川

遺忘之川被人格化為厄莉絲（參見第 161 頁）的女兒，她是執掌遺忘的女神。遺忘之川讓人忘卻一切的神力，在現代詩歌中有強大的意象。化合物乙醚（ether）在現代生活中經常被用作麻醉劑，最早就叫做 Letheron。

忘川水雞尾酒的配方

第一步

加入 2 盎司（約 60 ml）琴酒

1 盎司（約 30 ml）草莓酒

1/2 盎司（約 15 ml）柳橙汁

1/2 盎司（約 15 ml）鳳梨汁

1 茶匙極細砂糖

第二步

加入冰塊後，猛烈搖晃，然後濾入雞尾酒杯飲用。

第三步

重複上述步驟直到你醉到記不得自己的名字，或已經拿不起酒杯了。注意：如果飲用過量，會有真的喝到遺忘之川的危險。

3

大神：
第一代主神

　　在我們將這些偉大的古代主神作個別介紹之前，首先要瞭解這些神究竟是什麼。如果僅把他們當作壞心眼、容易衝動的超自然存有，我們將無法瞭解這些神的本質。神在古代人的眼中並不是一群擁有超凡力量的人類，而是有著人性面向的自然力量。每位神至少掌管或象徵一種自然力量，在我們接觸奧林帕斯第一代神之前，有必要詳考這個觀念。

論眾神的本質

　　從古希臘羅馬人的觀點來看，不相信神，就像你在快要墜地之前還不相信重力一樣──這是一個奇怪的概念，而且與核心問題無關。眾神的存在和你信不信神毫無關係。

　　例如，只要把完好的種子埋進溫暖濕潤的土壤就會發芽，而且條件適合的話，最後還會長成植物。今天我們稱為「基因程式設計」；古希臘人叫做黛美特（Demeter），古羅馬人則稱為席瑞絲（Ceres）。無論你相信哪一種說法，都不會對植物的成長產生什麼影響。

　　與此相似的是，無論我們相信與否，一年四季都還是正常交替。對於古希臘人來說，這是宙斯的顯化，是秩序的法則。當你打掃房間，在壁爐架上擺放花瓶和裝飾品。你感覺它們勻稱的間距和整齊劃一的方向具有美感。別忘了，在古希臘人看來這也是宙斯的功勞。

　　如果你從噩夢中醒來，你告訴自己剛剛夢到的一切不是真的、也沒有什麼直接威脅。不過古希臘人會告訴你，你這麼做是在召喚掌管理性思維的雅典娜。另一方面，如果某人放棄理智、陷入愛情，古人會認為那個人是受到阿芙羅黛蒂的影響。

　　換句話說，古希臘羅馬神所代表的力量都是真實存在的。唯一的問題在於他們是否具有自覺、擁有智性，對插手凡人事務感到興趣（古代智者對此也頗為疑惑）。不過在覺得這種想法荒誕不經之前，別忘了幾乎所有主流宗教都認為他們的神具有自覺、擁有智性、且對人類事務深感興趣，古典宗教絕非例外。

　　因此，不應將古希臘神話當作迷信和動漫超級英雄的結合體，它是一套真正的信仰體系，與其他所有人類嘗試理解神、與神互動的努力一樣令人敬重。（例如，不理解脈絡的非基督徒，對《舊約聖經》一些精彩的篇章也會覺得有些奇怪。）

神話的問題

　　所以，我們該如何理解奧林帕斯主神在神話中扮演的角色呢？在古典宗教中，眾神往往是宇宙中原始力量的具象化。正是透過眾神的力量，才有日出日落，才有河水奔流。眾神主持

宙斯和瑟美莉

瑟美莉（Semele）是宙斯的一位女祭司，樣貌動人。宙斯很快就被她迷住了。他以凡人的形態出現在瑟美莉面前，引誘了她。當瑟美莉懷了宙斯的孩子後，她開始懷疑自己是不是被一個花言巧語的人給騙了。瑟美莉要求宙斯向她展示他真正的樣子。於是宙斯只好不情願地現出了真身。宙斯顯現出光芒萬丈的雷光，瑟美莉立刻就被燒死了。

戴奧尼索斯與他的母親瑟美莉共舉一只高腳酒杯。

公義，監督萬物各得其所。然而，在古典神話中，眾神又顯得愚蠢、爭吵不休，對其他神與人類殘忍無情，熱中報仇。

解決難題

在這種明顯矛盾背後，實際上人們關心的是人與神之間那個

古老的問題：為什麼一位公正而慈愛的神會坐視好人蒙難？

當然，古希臘羅馬人可以部分回答這個問題，他們的神並沒有那麼慈愛（除了宙斯熱愛他的女伴之外）。此外，正如我們在第二章已經看過，古希臘羅馬人認為個人不可更改的命運並不是由主神決定，而是掌握在命運三女神的手中。

然而，大多數古代世界的居民還是希望，甚至強烈請求天神能在凡人的命運上稍微通融一下，為某些品格高尚的人稍微改變一下不可變更的鐵則，為他們留下一條生路。

我們已經知道每位神都有自己獨特的屬性，透過這些屬性可以分出不同的力量，與其他神有所區別。因此，神為了與人類打交道，都有其人性的一面，並具有人的型態，這種屬性雖然不具有吸引力，也不能完全展現出神的本質，就像宙斯對瑟美莉顯現神的真貌時，就把瑟美莉活活燒死了。（事實上，後面章節會提到，瑟美莉似乎是注定要見到宙斯顯現真身，遭雷擊而死，因為只有經由她的死，「出生三次」的戴奧尼索斯才能出現在這個世界上，參見第 137 頁。）

古代諸神的感情生活、嫉妒、彼此間的摩擦與偏愛的故事，絕非他們的全貌。不過，正是諸神這些私生活的故事吸引了我們的注意，畢竟我們作為人類，就是會被諸神所展現的人性面吸引——尤其，古人責難隨機遇到的糟糕事，認為那是悲傷但無法避免的一部分，並將其歸咎於諸神具有人性一面。也正因為如此，這些主神的性格才變得有趣。接下來，我們就要詳述他們個別的故事。

後世文化藝術作品：宙斯和瑟美莉

莫羅在 1894-1895 年間創作〈朱庇特與瑟美莉〉（*Jupiter and Semele*），而魯本斯在 1636 年則畫有〈瑟美莉之死〉（*The Death of Semele*），此外，1744 年韓德爾（George Frideric Handel）的三幕清唱劇《瑟美莉》在倫敦首演。

難以抗拒的愛神：阿芙羅黛蒂（維納斯）◇

雙親：烏拉諾斯（父親）與一把鋒利的大鐮刀

配偶：赫費斯托斯（霍爾坎 [Vulcan]）

著名的情人：阿瑞斯（瑪爾斯 [Mars]）、荷米斯（墨丘利 [Mercury]）、阿多尼斯（Adonis）、安紀塞斯（Anchises）

子女：阿伊尼斯（Aeneas）、哈摩妮雅（Harmonia）、德莫斯（Deimos）、佛波斯（Phobos）、赫美芙羅狄特（Hermaphroditus）、普利亞波斯（Priapus）、貝羅（Beroe）

主要屬性：愛與性的女神

次要屬性：水手的援救者，植物的守護者，婚姻、公民（也包括妓女）和諧的女神

標識：桃金孃、天鵝和鴿子

神廟、神諭所與聖地：阿芙洛狄希亞（Aphrodisias）——意即阿芙羅黛蒂之城，位於小亞細亞；神諭所在科林斯衛城（Acropolis of Corinth）；羅馬城中有祭拜主母維納斯（Venus Genetrix）的神廟，神廟中還同時供奉維納斯和羅馬

阿芙羅黛蒂無處不在，而又難以抗拒……
愛的魔力在空氣間穿行，在海浪間留駐，
她親手播下愛的種子，又從大地中收穫
我們泥土中出生的人類與生俱來的情慾。

————————尤里彼德斯，《希波呂托斯》（*Hippolytus*）第 445 行起

　　從某種意義上來說，阿芙羅黛蒂屬於更古老的那一代神，畢竟她位列宙斯的上一代。此外，幾乎所有神（除了我們接下來會提到的 3 位之外）都和凡人一樣被她的力量支配。正如許多被錯配的苦命戀人可為證，阿芙羅黛蒂每每調皮地使用她的能力，甚至是惡意而為。

　　戴上阿芙羅黛蒂的腰帶的人，無法抗拒他們想要吸引的對象。阿芙羅黛蒂帶著十字手柄的梳妝鏡，直至今日都還是女性的符號。她的力量在古希臘羅馬神話中幾乎無處不在，宙斯經常把自己四處拈花惹草的行徑歸於阿芙羅黛蒂的影響（不過羅馬神話中的朱庇特行為就謹慎多了）。最知名的阿芙羅黛蒂（維納斯）雕像是一尊兩千多年歷史的斷臂雕像〈米洛的維納斯〉（Venus de Milo），現藏於羅浮宮。

　　即使在今日，你不需要仔細尋找也能隨處發現阿芙羅黛蒂的存在：例如，夜空中的金星就是維納斯（阿芙羅黛蒂）。作為維納斯（這個名字起初屬於羅馬神話既有主司生育的次級神），她不僅僅對應著金星，還對應著一堆透過性行為傳播的討厭性病。作為神妓（Porne），或肉慾之愛的化身，她的肖像是「黃色圖片」（porne graphe）吸引了千百年來審查

員激動的目光，能增強性慾的食物（比如牡蠣）則被稱為「春藥」（aphrodisiacs）。這位女神還在其他出人意料的場合出現，比如她與銀蓮花之間的淵源：血紅的銀蓮花是她在打獵時橫死的愛人，美少年阿多尼斯的遺體所化。而她和阿多尼斯的女兒貝羅後來成為了貝尤特（Beryut）女神，也就是我們今日稱為貝魯特（Beirut）這座城市的守護神。

阿芙羅黛蒂和戰神阿瑞斯有一段婚外情（因為愛情和戰爭往往相偕出現）。他們生下兩個孩子：驚慌之神德莫斯和恐懼之神佛波斯；這兩神始終與他們的戰神父親寸步不離，而羅馬人將戰神稱為瑪爾斯。直到今天佛伊貝還會以幾百種不同屬性的形式在大地出現，從洗澡恐懼症（ablutophobia）到動物恐懼症（zoophobia）。

阿芙羅黛蒂還和荷米斯（羅馬人稱為墨丘利）生有一子，

經典的〈米洛的維納斯〉。

這個孩子的名字是父母雙方名字的結合——赫美芙羅狄特（Hermaphroditus）（參見第 135 頁），而她另一個生父不詳的孩子是不幸的普利亞波斯（Priapus）（參見第 135 頁），他無法釋放自己過於膨脹的情慾，因而承受著巨大的痛苦。他狂熱地追求一個叫做羅提斯（Lotus）的精靈，以至於諸神不得不把她變成一朵蓮花。

　　對特洛伊戰爭的爆發，阿芙羅黛蒂至少要負上部分責任，因為是她燃起了帕里斯（Paris）和海倫（Helen）之間的愛火（參見第 245 頁）。阿芙羅黛蒂對這場戰爭非常關心，因為她與凡人安紀塞斯生下的兒子是一名特洛伊戰士。她這個兒子，也就是著名的阿伊尼斯，後來在希臘獲勝後的特洛伊焚城中逃了出來。他的後代建立了羅馬。阿芙羅黛蒂和安紀塞斯的直系後裔，也包括羅馬知名的朱利安（Julian）家族中的凱撒們。

灶神：赫斯提亞（Hestia）／維斯塔（Vesta）　◇

雙親：克羅納斯（父親），瑞雅（母親）

配偶：無

著名的情人：無

子女：無

主要屬性：灶神

次要屬性：家庭幸福

標識：水果、油、葡萄酒、1 歲奶牛

後世文化藝術作品：阿芙羅黛蒂（維納斯）

毫無意外的，維納斯（阿芙羅黛蒂）為許多藝術家所鍾愛。
有兩幅著名的畫作是描述她和英俊的凡人阿多尼斯的私情：
其一是約 1560 年創作的〈維納斯與阿多尼斯〉，以及魯本
斯 1630 年代創作的同名畫作。維納斯與瑪爾斯經常成對出
現：比如在波提切利約 1485 年創作的〈維納斯與瑪爾斯〉
中，為了營造喜劇效果，畫中小法翁正把玩著瑪爾斯的長
矛，而此時的戰神正被衣著嚴實的維納斯的目光勾得神魂顛
倒。他們還在科西莫 1490 年創作的〈維納斯、瑪爾斯和丘
比特〉，拉葛內（Louis Jean François Lagrenée）1770 年的〈瑪
爾斯與維納斯，和平的寓言〉（*Mars and Venus, Allegory of
Peace*），以及出現在兩幅更直白的畫作：維特華爾（Joachim
Wtewael）於 1610-1614 年間創作的〈瑪爾斯與維納斯被眾神
發現〉（*Mars and Venus Surprised by the Gods*）以及委羅內塞
（Paolo Veronese）1570 年代創作的〈因愛結合的瑪爾斯與維
納斯〉（*Mars and Venus United by Love*）。

神廟、神諭所與聖地：每個家屋的灶臺，每座希臘城市的市中
心，羅馬的維斯塔聖所

赫斯提亞呀，妳守護著萬物家宅的平安，
無論是永生不死的眾神還是在塵世踽行的人類，
都要仰仗妳的庇佑，妳用妳的慈愛為自己贏得了
永恆的居所與不滅的榮光：無論因何取得的榮耀
都有妳的一份。沒有妳的庇護，人間從此將再無筵席，

也再不會有人能夠因妳之名奉上甘醇的美酒
舉杯敬眾神中最長、也是最末的赫斯提亞女神，
願我們家庭的幸福能與妳的榮光同在。

──────────────────《荷馬讚歌 · 致赫斯提亞》第 2 段

　　赫斯提亞是克羅納斯（參見第 24 頁）第一個孩子，矛盾地又被看作是最小的孩子，因為她是最後被克羅納斯吐出來的。「赫斯提亞最先來」是古希臘羅馬人所奉行的信條。這部分是因為赫斯提亞最年長，在祭禮順序先於其他諸神，不過還有她主司家庭幸福的原因。

　　赫斯提亞作為和平與調和的象徵，主動退出了奧林帕斯主神行列，以維持 12 位。通常的說法是她將位置讓給了戴奧尼索斯，不過在希臘羅馬文化中並非所有的萬神廟都供奉著相同的神祇（順道一提，歐盟旗幟上的 12 顆星星對應的就是希臘羅馬神話中的神聖數字 12）。赫斯提亞在希臘羅馬宗教中的地位要高於神話中的地位，因為灶神幾乎從不會遠離家宅。不過灶神的聖火卻會傳到各地，只要有希臘城邦在外建立了新殖民地，都要將赫斯提亞的聖火隨身攜帶，以點亮及溫暖新的家園。

　　而作為羅馬的維斯塔灶神，維斯塔則庇護著羅馬的家國之火的燃燒，如果她的灶火熄滅，會被視作整個國家將要遭受重大變故的徵兆。所以一群被稱為維斯塔處女的少女被賦予保護灶神信仰以及讓她神廟中的聖火長燃的使命。

　　因為灶神有著幸福家庭守護者的屬性，所以一些滿懷希望的

赫斯提亞，在羅馬被稱為維斯塔灶神。

美國城鎮的建立者也以維斯塔命名他們的轄區。而且維斯塔與火的關係在今日也看得到，有個著名的火柴品牌正以維斯塔為名。

眾神之王：宙斯（朱庇特）◇

雙親：克羅納斯（父親），瑞雅（母親）

配偶：赫拉

著名的情人：麗朵（Leto）、麗妲（Leda）、瑪依亞（Maia）、瑟美莉、愛奧、歐羅芭、黛美特、蜜提絲（Metis）、甘尼梅德（Ganymede）、達娜葉（Danae）、寧默心、特密斯（Themis）、阿柯美娜（Alcmene）──以及其他許多

值得一提的子女：雅典娜（密涅瓦）、波瑟芬妮、俄里翁（Orion）、繆斯姐妹們、阿瑞斯（瑪爾斯）、阿波羅、阿特蜜斯（戴安娜）、海克力斯（赫丘利）、戴奧尼索斯（巴科斯）、青春女神赫蓓（Hebe）、柏修斯、狄奧斯庫洛伊兄弟（the Dioscuri）、克里特王米諾斯

主要屬性：眾神之王

次要屬性：暴風之主、雷霆神、旅客的保護神、誓言的擔保者、騙子的打擊者、羅馬的保護神、天才的創造者、軍隊的支持者

標識：雷霆、雄鷹、橡樹

主要的神廟、神諭所和聖地：羅馬卡比托利歐（Capitoline）的朱庇特神廟、奧林匹亞的宙斯神廟、多多納（Dodona）的宙斯神諭所

孩子啊，我要告訴你：
在天庭危坐的宙斯手中握著終結萬物的權柄，
只要他情願，就能將萬事萬物從塵世中抹去……
我們從泥土中所生的人類日復一日地耕作、休息，
卻對他手中所握的威能幾乎全然不知。

───────西蒙尼特斯（Semonides of Amorgos）的《抒情詩》
（*Lyrics*）第 2 章第 1 節

　　稱宙斯為奧林帕斯眾神之父並不全然正確。雖然就「家主」這個意義上，他的確是地位最高神的「眾神之父」，掌管奧林帕斯一家眾神。不過在血緣上，宙斯和一些神同輩，包括他的妻子赫拉（朱諾），他的哥哥波賽頓（Poseidon）／涅普頓

威嚴的宙斯手持雷霆,身旁隨侍
著雄鷹,由勝利女神加冕。

　　(Neptune)和黑帝斯／普路托(Pluto)。波賽頓和黑帝斯並
沒有多尊重這位弟弟,正如波賽頓所指出的那樣,出於純粹的
機緣巧合,他們三位神各主宰一個國度:

宙斯雖然貴顯,說話也太狂妄,
我和他一樣強大,他竟然威脅強制我。
我們是克羅納斯和瑞雅所生的三兄弟,
宙斯、我,以及掌管地下的黑帝斯。
一切分成三份,各得自己的一份,
我從鬮子中拈得灰色的大海作為我永久的居所,
黑帝斯統治昏冥世界,
宙斯拈得太空和雲氣裡的廣闊天宇,
大地和高聳的奧林帕斯歸大家共有。

我絕不會按照他的意願生活，

宙斯雖然強大，也應該安守自己的疆界……

不要這樣把我當作懦夫來恫嚇！

他最好把這些嚴厲的語言對由他生育的那些兒女去訓示，

他是他們的父親，他們願意不願意，都得聽他的命令。

————————————荷馬，《伊利亞特》（*Iliad*）第 15 卷

　　天空之神宙斯從最早的時候就是一位氣候之神，他「雷霆神」的稱號一直隨著他進入古典時代。宙斯作為反抗克羅納斯的領袖，也獲得了眾神之王的稱號（儘管波賽頓和黑帝斯並非那麼情願），因此便有了維持奧林帕斯山上秩序的責任——以及與之延伸而來，維持整個宇宙秩序的重任。

　　因為古代城市經常會陷入週期性的動亂之中，城市當權者經常會向眾城之神宙斯（Zeus Poleius）獻上虔誠的祈禱。在日常生活中，宙斯還是待客之神，旅人和旅客會因他之名而受到歡迎。當然，沒有人能比那些遵守紀律與秩序的羅馬人更狂熱地崇拜眾神之王。對羅馬人來說，宙斯是萬神之王朱庇特，至高至能者朱庇特，朱庇特本身就代表著宇宙中一切正確而當受尊奉之物。羅馬軍團在朱庇特之鷹的羽翼下，在整個地中海世界，乃至更遙遠的地方，傳播著羅馬化的文明。今天太陽系中最大的一顆行星木星（Jupiter）就是以眾神中最強大的主神命名，真是再合適不過了。

宙斯在赫拉之前的情事

　　神像古希臘羅馬人一樣，並不是一夫多妻制的；不僅如此，男神還和古希臘羅馬人一樣，認為婚姻的忠貞適用於妻子，而非丈夫。宙斯和赫拉結婚前，就已經扮演著「眾神之父」的角色，生出一大批後代。儘管他的妻子竭盡全力，但婚姻也沒能減緩宙斯輕率尋歡的步伐。

　　宙斯最早與蜜提絲女神結合，她是思慮的化身，宙斯需要快速處理掉孩子才能躲掉聶莪普勒摩斯法則，避免被自己的孩子推翻（參見第 23 頁、107 頁）。宙斯下一位結合的對象是特密斯，她是傳統與美德的化身。宙斯和她生下了和平女神厄瑞涅（Eirene）。接下來，宙斯和尤瑞諾美（Eurynome）結合（但有人看法不同），生下了美儀三女神（The Charities or

奧林匹亞式的求愛：宙斯和他的女性情人。

宙斯的下一代神（括弧內是母親的名字）

─ 雅典娜（蜜提絲）

─ 厄瑞涅（特密斯）

─ 美儀三女神（尤瑞諾美）

─ 波瑟芬妮（黛美特）

─ 繆斯姐妹（寧默心）

─ 阿波羅、阿特蜜斯（麗朵）

─ 波呂奈瑟斯（麗妲）

─ 阿瑞斯、赫蓓、伊萊西亞（赫拉）

─ 戴奧尼索斯（瑟美莉）

─ 荷米斯（瑪依亞）

─ 海克力斯（阿柯美娜）

Graces）：光輝女神阿格萊亞（Aglaia）、歡樂女神歐佛洛緒涅（Euphrosyne）與激勵女神塔麗雅（Thalia）。

　　宙斯的下一位伴侶是和自己的姐姐黛美特，生下了波瑟芬妮。宙斯之後與泰坦族的記憶女神寧默心結合，生下了九個繆斯姐妹（the Muses）。這些繆斯所主司的舞蹈、戲劇與詩歌，成為了人類創造力的源泉；而受靈感激發出來的最偉大成果，都保存在博物館（museums）之中。

阿波羅（手持七弦琴）站在他的
母親與阿特蜜斯（腳下有豹子）
之間。

在宙斯和麗朵開始私會時，如果他和赫拉還沒正式結婚，也
已經是固定的伴侶了。我們對麗朵所知甚少，因為麗朵的意思
就是「隱藏的人」。當麗朵懷了宙斯的孩子，即將生產時，赫
拉設法讓她既不能在陸地、也不能在海洋生產。然而最後麗朵
還是找到了合適的地點產子，這裡是位於愛琴海上神聖的提洛
島（Delos），據說提洛島是座浮島，因而既不屬海洋，也不
屬陸地範疇。在這裡她生下了奧林帕斯神阿波羅。麗朵還生了
阿特蜜斯（戴安娜），阿特蜜斯是主司狩獵的處女之神。麗朵
生了兩位奧林帕斯主神，比赫拉還多，赫拉只生下一位奧林帕
斯主神，也就是脾氣倔強、嗜血成性的戰神阿瑞斯。

宙斯的出軌還在持續快速發展——女人被創造出來可以說是
為他不幸的婚姻生活開啟了全新的可能。眾多被宙斯勾引，隨
後又遭赫拉報復的女人，她們的命運塑造了整個神話世界，甚
至還有現代世界。

美豔者：赫拉（朱諾） ◇

雙親： 克羅納斯（父親），瑞雅（母親）

配偶： 宙斯（朱庇特）

著名的情人： 無

子女： 阿瑞斯（瑪爾斯）、赫費斯托斯、伊萊西亞與赫蓓

主要屬性： 宙斯的配偶

次要屬性： 婚姻的保護神、女性的守護者、（作為朱諾女神時）降下警告者

標識： 孔雀、布穀鳥、石榴

神廟、神諭所與聖地： 阿爾戈斯附近的赫拉神廟，西西里島阿格里真托（Agrigentum）的赫拉神廟，羅馬的朱諾神廟

赫拉，天庭之后，偉大的克羅納斯之女。

──────────────── 荷馬，《伊利亞特》第 5 卷

　　宙斯飽受妒忌之苦的妻子赫拉，不能直接報復她丈夫的不忠，只好轉而在宙斯那些不幸的愛侶身上發洩怒火，儘管任何人在她們的處境中都幾乎無法拒絕眾神之王的引誘。我們可以將赫拉的報復轉到現實世界性別不平等的案例，比如說，主人可能會強迫家中的女奴與自己發生性關係，隨後女奴就可能會被妒忌的女主人懲罰，無論是女奴和女主人都遭受著某種她們無力抵抗的不公。

　　赫拉的名字可以粗譯為「淑女」，可能跟男性化的「英雄」

一個面容冷峻的羅馬赫拉女神雕像。

（hero）有同個詞根。赫拉是諸神之后；雄鷹是宙斯的象徵，而孔雀是赫拉的象徵，因為她既驕傲又愛炫耀。儘管赫拉地位尊貴，不過她依舊要屈從於宙斯，宙斯曾經因為她對他的兒子海克力斯的報復性迫害，用鐵砧拴住她的腳踝把她吊在天庭的拱頂以示懲罰。

引誘赫拉

赫拉是阿爾戈斯城的守護神，根據傳說宙斯最早就是在城外的樹林之中引誘了她。宙斯使用了他作為氣候之神的能力，降下方便的雷雨，並化作一隻渾身濕透、驚惶無助的小布穀鳥在赫拉面前出現。赫拉將小布穀鳥放到胸前為牠取暖，而得償所願的宙斯立刻變回原本的形態，利用他透過欺騙取得的位置占盡了便宜——不過根據阿爾戈斯人的說法，赫拉可以透過在城市附近一處聖泉沐浴來恢復童貞，據說她就此養成了每年都來這裡沐浴的習慣。

　　加姆蘭月（month of Gamelion）是宙斯之后的聖月，古雅典人偏好在這個月份舉辦婚禮，而作為羅馬的朱諾女神，她會在她的聖月 6 月（June）微笑著給予新娘祝福。赫拉對宙斯一直忠貞不二，那些試圖引誘她的人下場都很淒慘血腥。她致力於維護這段機能失衡的婚姻，使她成為了所有婚姻的保護神，古希臘羅馬的新娘經常會收到蘋果作為新婚賀禮，仿效赫拉的祖母蓋亞女神在她婚禮上贈給她的金蘋果，不過也有人會贈送石榴，這種水果也與赫拉有關。因為赫拉同時具有處女、妻子與獨守空房的年長貴婦的不同面向，她的身分與人們對古代貴族婦女的期待相符，因此她也被視為整個女性群體的保護神。

銀河的形成

其他神都有以自己名字命名的行星，而赫拉所擁有的外太空領地更大得多。海克力斯──羅馬人稱其為赫丘利──是宙斯一次偷情留下的產物。儘管被命名為「赫拉的榮耀」（或許宙斯是為了試圖平息女神的憤怒才如此命名），他還是遭受了女神的殘忍報復。根據一則神話，宙斯為了使海克力斯獲得神性，曾經欺騙赫拉，讓她哺育還是嬰兒的海克力斯。當赫拉發現了騙局時，她粗暴地將嬰兒從乳房前扯開，因而在天穹中留下一大段霧狀地帶，直至今日這裡都被稱為銀河（The Milky Way，直譯為「奶路」）。這一事件後來被魯本斯在他約 1637 年的作品〈銀河的誕生〉（*The Birth of the Milky Way*）中有所描繪。

宙斯曾派一個倒楣的精靈去分散赫拉的注意力，讓她不停與赫拉說話，這樣赫拉就不會發現不忠的宙斯已經外出勾引其他女性了。赫拉識破了詭計，詛咒這個精靈從此只能重複別人對她說過的話。這個倒楣的精靈名叫厄科（Echo），就這樣一直成為回聲。

除了奧林帕斯主神阿瑞斯（瑪爾斯）之外，赫拉和宙斯還生有其他孩子，青春女神赫蓓與助產女神伊萊西亞。這其中也有著某種生命上的對稱，一般人認為奔赴戰場的男人受到戰神的庇護，但也要忍受痛苦，正如女人受到助產女神的庇佑，但也同樣要承受分娩的痛苦。赫拉還有個未經受孕就生下來的孩子赫費斯托斯（霍爾坎），他是鐵匠與工藝師之神。具有諷刺意謂的是，儘管他的母親優雅而美麗動人，但他卻生得羸弱、醜陋而且跛足，因而他也一直為母親所厭棄。然而藉由他的狡點與堅毅的性格，至少在隱喻層面上，他已經足以在眾神中「站穩腳跟」了。

在特洛伊戰爭期間，赫拉是希臘堅定不移的支持者，甚至曾經因為他們的緣故觸怒了威嚴的主神宙斯。後來，她又報復性地騷擾阿伊尼斯和特洛伊最後的倖存者。直到情緒得到了安撫後，她才容許這些流浪者在義大利定居，並建立羅馬民族。赫拉以朱諾女神的身分，是朱庇特的配偶，也是羅馬最偉大的女神，在卡比托利歐山（Capitoline hill）的神廟受人供奉。「錢」（money）一詞就源自於卡比托利歐朱諾神廟中的羅馬鑄幣廠（Juno Moneta）。

撼地者：波賽頓（涅普頓）◇

雙親：克羅納斯（父親），瑞雅（母親）

配偶：安菲屈蒂（Amphitrite）

著名的情人：凱妮絲（Caenis）、艾達拉（Aethra）、黛美特（席瑞絲）、阿洛珀（Alope）、泰奧法妮（Theophane）、提若（Tyro）、梅杜莎（Medusa）、阿密摩涅（Amymone）

子女：屈東（Triton）、翟修斯（Theseus）、佩里阿斯（Pelias）、涅魯士（Neleus）、瑙普利烏斯（Nauplius）、阿里昂（Arion）、波利菲莫斯（Polyphemus）

主要屬性：海神

次要屬性：撼地者，群馬之王

標識：駿馬

神廟、神諭所與聖地：雅典附近舒尼恩岬（Sounion）上的波賽頓神廟，義大利波賽頓尼亞（Poseidonia）——即帕埃斯圖姆（Paestum）——的波賽頓神廟，羅馬弗拉米尼烏斯競技場（Circus Flaminius）中的涅普頓聖壇

偉大的海神波賽頓啊，你撼動大地與一望無際的海洋……
神祇又託付給你兩項神聖的職責，
使你具備了馴服群馬的威能，
又成為船隻威嚴的救主。

——————————————————————《荷馬讚歌》第 2 段

　　波賽頓和他的兄弟姐妹一樣（除了宙斯之外），很可能也是

一出生就被克羅納斯吞下肚子。不過這一點仍有爭議，因為有則傳說稱波賽頓和宙斯一樣逃脫了被吞下的命運，並且被祕密養大。根據這個版本的說法，宙斯是被用石頭替代，而波賽頓則是被一匹馬替代，並在羅德島（Rhodes）上被祕密撫養成人，之後他加入了他的弟弟宙斯對克羅納斯的反叛。

波賽頓帶著充沛的熱情投入了海神的角色，首先他娶了海洋女神安菲屈蒂為妻，之後又在海床上用黃金和寶石為自己建造宮殿。他與三叉戟（trident）的符號相關，這字在字面上的意義是「三根尖齒」，而三叉戟這件兵器是獨眼巨人為他所打造的魚叉，後來波賽頓把它當作自己的象徵。波賽頓有時威嚴、自傲，有時又殘暴而反覆無常——一般認為這是因為他執掌著變化莫測的海洋。他滿懷妒忌地守衛著他的國度，絕不接受其他神的干預，也絕不讓其他神有機會涉足。即使對宙斯，波賽頓只在自己的國度以外，不情願地認可眾神之王的權威。他憎惡特洛伊人，不過也曾經阻止赫拉弄沉他們的船隻，只因為這僭越了他的特權。

波賽頓不僅僅是科林斯城邦的保護人，還保護著整個科林斯地峽（它連接兩片海洋），不過他把阿爾戈斯城的宗主權輸給了赫拉。就像他之前輸掉雅典城的宗主權時一樣（參見第 92 頁專欄），波賽頓十分介意，畢竟阿爾戈斯城就是由他和精靈阿密摩涅所生的兒子瑙普利烏斯建立的。波賽頓的其他兒子，還有殺死米諾陶洛斯的翟修斯，和被奧德修斯弄瞎的獨眼巨人波利菲莫斯。

像大多數主要男神一樣，波賽頓也有著不受拘束的性慾以及

波賽頓與雅典娜爭當雅典城的守護神。

爭奪雅典

為了爭奪雅典城的宗主權，波賽頓與雅典娜大吵了一架。雅典娜贈予雅典市民橄欖樹以及種植的技藝。而波賽頓則用三又戟猛鑿一塊岩石，讓地下噴出一股泉水。不過因為他是海神，所以泉水是鹹的，並不能派上多大用處。雅典的男人們更傾向於選擇波賽頓（因為他們已經預料到了波賽頓如果落選將會非常憤怒），不過雅典的女人們卻強烈主張選擇雅典娜。最後，由雅典娜勝出。正如預期所料，波賽頓一聽到投票的結果，就用一場來勢凶猛的洪水報復雅典人。

複雜的感情生活。曾經光采動人的梅杜莎就因為在雅典娜神廟和波賽頓交合被憤怒的雅典娜懲罰，變成了一個怪物。波賽頓的另一個情人泰奧法妮被波賽頓以公羊的形態引誘，他們生下的後代也是公羊，不過身上卻長著金羊毛（參見第 186 頁）。考慮到大海恣意而又難以馴制的天性，波賽頓並不受亂倫或強暴的禁忌所約束，他曾經引誘過自己的孫女，也強暴了一個名叫凱妮絲的漂亮女孩（隨後他答應了凱妮絲的請求，凱妮絲要求把她變成一個男人，這樣就再也不會遭遇類似的不快經歷了）。後來他又同時打破了強暴和亂倫這兩項禁忌，在他的姐妹黛美特（羅馬人稱她為席瑞絲）向他尋求庇護時，他把她變成一匹母馬藏在馬群中，而自己又偽裝成一匹種馬強暴了她。

　　駿馬是波賽頓反覆出現的主題，因為波賽頓經常使用駿馬作為化身，因而有時他也被稱為「群馬之王波賽頓」。古希臘羅馬人會在海邊向波賽頓獻祭駿馬，他們確信這樣可以取悅海神。取悅波賽頓尤其重要，因為他不僅是海洋之神，同時還有著撼地者的稱號。有時他會結合這兩種身分，首先用地震摧毀城市，再用毀滅性的海嘯淹沒，徹底消滅一切活口。

　　對羅馬人來說，他們將波賽頓的名字和伊特拉斯坎人

波賽頓和安菲屈蒂生下的屈東。

後世文化藝術作品：波賽頓（涅普頓）

瓦爾克特（Jacobsz van den Valckert）在約 1610 年創作的〈馬上的涅普頓〉（*Neptune on a Horse*）中展現了涅普頓作為馬神的一面，而普桑創作於 1634 年的〈涅普頓的凱旋〉（*Triumph of Neptune*）還有吉亞尼（Felice Giani）創作於 1802-1805 年間的〈波賽頓與安菲屈蒂的婚禮〉（*The Marriage of Poseidon and Amphitrite*），則是以他更為人知的海洋環境為背景。

（Etruscan）的海神尼松（Nethuns）結合為一，創造了海神涅普頓（Neptune）。在現代世界中，他成為了海王星。既然他的兄弟冥王黑帝斯已經被取消了行星地位，現在海王星就是太陽系最外圍的行星了。而波賽頓和安菲屈蒂生下長著魚尾的兒子屈東，在現代世界中成為海王星的衛星「海衛一」。

亡者之主：黑帝斯（普路托）◇

雙親：克羅納斯（父親），瑞雅（母親）

配偶：波瑟芬妮

著名的情人：明塔（Minthe）、琉刻（Leuce）

子女：復仇女神（The Furies）

主要屬性：冥府之神

次要屬性：不可見者、富者、萬物的接收者

標識：黑羊、白楊樹、水仙花

神廟、神諭所與聖地：伊利斯（Elis）的黑帝斯神廟，杜加（Dougga）——現在的突尼西亞（Tunisia）——的普路托神廟，希臘西北部阿刻戎河上的「亡者的神諭所」耐克洛曼特翁（Necromanteion）

大地突然被強大的力量所撕裂，平原都綻開了巨大的裂口……

而眾多亡者的領主，冥府的支配者本人，駕著他不朽的黑色駿馬從這裂縫中疾馳而出……

（他是）一度支配神山的克羅納斯之子，

儘管他的名諱不可直呼，他卻有著許多名字。

　　　　　　　　　　　　　　　　　　　　《荷馬讚歌・致黛美特》第 2 段

黑帝斯，掌控地下世界的嚴肅主人。

　　黑帝斯是統馭冥府的神祇，因而他的名字也成了同義詞。黑帝斯的意思是「隱藏者」，因為他擁有一個能讓他在所有人面前隱身的頭盔──即使是他的父親克羅納斯也看不見他，這種力量在幫助宙斯奪取權力時至關重要。儘管黑帝斯統馭著冥府，不過他並不是死神塔納托斯，後者是夜神倪克斯的眾多子女之一。

　　黑帝斯幾乎沒有多少神廟，也沒有多少信眾，因為他對活人的世界不感興趣。無論是農夫或國王，無神論者或信徒，他們最終都將歸入黑帝斯的世界。

　　黑帝斯是「地的」（chthonic）神祇，因為他的王國即使不位於地下，也必須要從地下才能進入。黑帝斯本人鐵面無私，罕有不公正的評斷，也絕非邪惡之徒。同樣地，希臘神話中的「代蒙」（daemons）儘管也是有著極大神力的生物，但和我們今天所說的惡魔（demons）完全不同。黑帝斯的王國既非地獄，和蓋亞的黑暗對立面塔爾塔羅斯也不一樣，塔爾塔羅斯是留給泰坦和應當遭受如此下場的人類的深坑（參見第 17 頁），而冥府則是黑帝斯為自己創造出來的統治國度。

被誘拐的普洛賽皮娜（波瑟芬妮），羅馬阿爾巴尼別墅（Villa Albani）上的浮雕。

因為人們認為說出黑帝斯的名字會使他注意到自己，很不吉利，所以少有這位冥府之王作為主角的傳說流傳下來，也就不足為奇了。

黑帝斯一般被呈現為面容冷峻、髮色較深的老人形象，通常駕著墨黑色駿馬拉著的馬車出現。有他出場最著名的神話就是他誘拐了黛美特的女兒波瑟芬妮。從此波瑟芬妮每年都有部分時間要留在冥府作為王后。在這幾個月裡，波瑟芬妮的母親穀物女神黛美特會出門尋找女兒，所以莊稼休耕，也沒有降雨。因此，和薩圖恩（羅馬的農神，羅馬人經常將他與黑帝斯混淆）一樣，黑帝斯對天氣和穀物也有影響力。除此之外，古希臘羅馬人食用穀物時經常會使用薄荷調味，這原本是一個叫作明塔（Minthe）的精靈，因受黑帝斯寵愛，而遭到冥后波瑟芬妮的嫉妒，最後將她變成了辣得恰到好處的薄荷草。

黑帝斯是個冷酷無情的人物，因而很少有人敢去驚動他（那些出於某種特殊原因，想要祈喚黑帝斯的人會用手掌猛擊地面來引起他的注意）。因為最後有數量龐大的靈魂落入了他的掌控，特別迷信的羅馬人委婉地稱他為普路托，也就是「富者」。不過在現代世界中，「普路托」的意思已經變得面目全非了，它是被踢出太陽系的冥王星，也是迪士尼動畫中那隻荒唐可愛的黃色長耳狗。

黑帝斯如今最知名的應該是以他的羅馬名命名的鈽元素（plutonium）了。鈽的創造者選擇這個名字，不僅因為它是人類已知的劇毒之一，而且也因為它最有可能把蓋亞變成另一個塔爾塔羅斯。

綠衣女神：黛美特（席瑞絲） ◇

雙親： 克羅納斯（父親），瑞雅（母親）

配偶： 無

著名的情人： 波賽頓、宙斯、伊阿西翁（Iasion）

子女： 波瑟芬妮、阿里昂、普路托斯（Plutus）、牧夫座（Boötes）／腓羅邁盧斯（Philomelus）

主要屬性： 植物與蔬果之神

次要屬性： 農業之神、生育之神、新婚夫婦的保護神

標識： 穀物、豬、水果、罌粟花

神廟、神諭所與聖地： 埃萊夫西納（Eleusis）的厄琉息斯祕儀所，帕埃斯圖姆（Paestum）的席瑞絲神廟，納克索斯島（Naxos）的黛美特神廟

黛美特手持權杖，頭戴穀物做的花環。

金髮濃密的黛美特啊……
妳是手持金劍的女神，散發著榮光
為我們帶來了纍纍的果實

————————————————《荷馬讚歌 · 致黛美特》第 2 段

　　黛美特是一位非常古老的神祇，在奧林帕斯 12 主神確立之前，就已經有對她的崇拜了，這一點反映在她的名字上，「黛美特」實際上是「大地之母」的古老變體。她是克羅納斯的兩個女兒之一（另一個是赫斯提亞），儘管她也是古代萬神殿的一員，不過她很少待在奧林帕斯山，而更喜歡在大地四處漫遊。她漫遊時通常會採用各種各樣的偽裝，因為她的正式裝束過於顯眼炫目了——她乘坐由龍拉著的戰車，是光彩奪目的女神。

　　黛美特的特殊職責之一就是要確保穀物從種子長成成熟的莊稼，而且黛美特本人就有著穀物般金黃的長髮。她唯一一段與凡人的戀情發生在一片被犁過三次的田地裡，他們生下了幾個孩子，其中一子到了天界擔任扶犁者，也就是牧夫座。

　　黛美特的厄琉息斯祕儀（Eleusinian Mysteries）在雅典附近舉行，新加入的信徒會被要求絕不說出他們見到的一切。

　　雅典人和西西里人都宣稱自己才是黛美特最早傳授培育穀物的對象，黛美特還額外贈與雅典人無花果樹；雅典出產的無花果品質被認為勝過古代世界其他產地。羅馬人將黛美特稱為席瑞絲（Ceres），直至今日世界上數以百萬計的人都仍與女神交流，他們吃早餐時會將牛奶倒進麥片（cereal）中。

在天文學領域，和她的女婿冥王星一樣，穀神星（Ceres）也是一顆矮行星，它是小行星帶上最大的一顆。而席瑞絲女神的象徵恰如其分地是一把鐮刀。

和黛美特有關的神話，最著名的應該是她搜尋被黑帝斯誘拐的女兒波瑟芬妮——羅馬人稱她為普洛賽皮娜（Proserpina）——的故事。在她的這段搜尋當中發生了許多故事，其中之一就是她被化身為種馬的波賽頓強暴的經歷（參見第 93 頁）。波瑟芬妮被誘拐一事也揭示了黛美特女神的神力，因為她可以決定大地上的萬物是否生長（在尋找女兒期間，她不讓萬物生長），這讓人類幾乎餓死，而眾神也因此收不到獻祭。正是這樣的威脅，讓宙斯走到了談判桌前，要黑帝斯釋放被擄走的人質。

然而，黑帝斯向來就臭名昭著，不願放走任何進入他陰暗王國的人，更不願釋放美麗的妻子波瑟芬妮。他騙波瑟芬妮吃下一些石榴籽，因為在黑帝斯的國度進食的人就注定要永遠留在冥府。最終黛美特和黑帝斯達成協議，在一年的部分時間中，波瑟芬妮要待在冥府，其餘時間可以回到地上陪伴母親。

當黛美特的女兒波瑟芬妮從她身旁離開時，黛美特不再管理農事，大地變得乾裂貧瘠、空無一物。但當波瑟芬妮回來時，雨水又會帶來百花盛開，生機勃勃，作物也開始生根發芽。

受詛咒的譚塔洛斯家族

譚塔洛斯（Tantalus）和其後代的故事，是貫穿整個希臘神話英雄時代這齣血腥而又高潮迭起的肥皂劇的一段旁枝情節。譚塔洛斯是呂底亞國王，這個西方海岸的國家位於現今的土耳其。譚塔洛斯有次設宴招待奧林帕斯主神，但犯下不可饒恕的罪行。他殺了自己的兒子，當成菜餚上桌（無論是因為後勤疏忽，或缺少其他肉類），這樣的舉動無論是希臘人、神和其他人都會覺得不可思議。這讓人食不下嚥，就算兒子的肉再美味也不行：但黛美特因為全副精神都放在失蹤的女兒，恍惚之間把那孩子的整個肩膀咬下來。

這個被宰殺獻上餐桌的孩子叫做佩羅普斯，他後來被諸神復活，用象牙鑲在被黛美特咬下的肩膀部位。譚塔洛斯的暴行，讓他被判在塔爾塔羅斯終身飽受饑餓與乾渴之苦：他站在水深及胸的水中，當他想要喝水，水就會退去；他鼻子前就掛著葡萄枝，當他想要吃，葡萄枝就會升高讓他碰不到──因此有了「挑逗」（tantalize）一詞。後來，佩羅普斯繼承了呂底亞王國，但很快就被流放了，部分原因是附近的伊利烏姆城（即後來的特洛伊）伊魯斯國王的作為。佩羅普斯逃到希臘，在戰車比賽擊敗了伊利斯的國王，還贏得了他的女兒。不過，他會獲勝是因為對國王的戰車動了手腳，國王在戰車撞毀時直接喪命。駕車的人是荷米斯的兒子，他也參與了這場陰謀，但佩羅普斯卻恩將仇報殺死了他。儘管赫費斯托斯洗去了佩羅普斯身上的罪孽，後來他繼續征服了希臘南部的大部分地區──因而這些地方後來叫做伯羅奔尼撒半島。但荷米斯仍餘恨未消，他繼續傷害佩羅普斯的後代，

讓佩羅普斯的兒子阿楚斯（Atreus）犯下亂倫、殺害兄弟、食人等罪行，讓兩個孫子也不好過，阿格門儂犯下謀殺、殺女、通姦，梅奈勞斯（Menelaus）因海倫出軌發動了特洛伊戰爭，還有曾孫奧瑞斯提亞（Orestes）也殺了自己的母親。

後世文化藝術作品：波瑟芬妮（普洛賽皮娜）

波瑟芬妮在史特拉汶斯基（Igor Stravinsky）1933 年創作的同名音樂作品中登場。這則冥后的故事，也成為 16 世紀阿巴特（Niccolò dell'Abate）畫作〈強掠普洛賽皮娜〉（*The Rape of Proserpina*），羅塞蒂（Dante Gabriel Rossetti）1874 年創作了〈普洛賽皮娜〉，畫中她正在吃下石榴籽。萊頓（Frederic Leighton）則在 1891 年畫了〈波瑟芬妮的歸來〉（*The Return of Persephone*）。貝尼尼在 1621-1622 年間創作了大理石雕塑〈普路托與普洛賽皮娜〉，這幅雕塑現藏於羅馬的波格賽美術館（Galleria Borghese）。

羅塞蒂畫中的普洛賽皮娜，冥府真正的王后。

4

奧林帕斯：
下一代主神

　　加入奧林帕斯萬神殿 12 主神行列的方式多種多樣，有的方法甚至有些奇怪。無論是古代說書人提供的版本，還是現代民族誌學者、語言考古學家不太可信的猜想，都印證了這一點。第一代奧林帕斯主神其中 6 位，阿芙羅黛蒂、宙斯、赫拉、波賽頓、黛美特及黑帝斯，在前一章已經介紹其背景了（儘管很多古希臘羅馬人出於心理因素，情願把黑帝斯移出萬神殿）。剩下的 6 位奧林帕斯主神都是第一代主神的子女，其中許多都要感謝宙斯的不懈努力。接下來我們就要探究第二代神的生平與神話。

灰眸女神：雅典娜（密涅瓦）　◇

雙親：宙斯（父親），蜜提絲（母親）

配偶：無

著名的情人：無

子女：無

主要屬性：理性女神

次要屬性：戰爭女神、技藝與工藝之神——雅典娜‧埃爾貢（Athena Ergane），從之衍生出「人體工程學」（ergonomics）

標識：橄欖樹、貓頭鷹、鵝——由此產生了給小孩子聽的《鵝媽媽童謠集》（Mother Goose）

神廟、神諭所與聖地：雅典衛城上的帕德嫩神廟；羅德島的雅典娜‧波利阿斯（Athena Polias）神廟，以及羅馬卡比托利歐山三神神廟（供奉朱庇特、朱諾及密涅瓦）

女戰神把自己也繡在上面，手持盾牌和尖矛，
頭戴戰盔……她用尖矛擊地，地上便長出
一棵淺綠色的棕櫚，掛滿了果實

——————————奧維德，《變形記》第 6 卷〈織機旁的雅典娜〉

灰眸的雅典娜是智慧與戰爭的女神。

在所有的主神之中，雅典娜最具理性，畢竟她是由思辨女神所生。其他神大多象徵著自然的盲目力量，或是不受約束的狂熱情感，雅典娜卻主要寄身於人性化的文明人之中。雅典娜作為女神，象徵著邏輯與理性，儘管她在人性面上同樣也會盲目偏袒或嫉妒。但雅典娜和赫斯提亞一樣，對阿芙羅黛蒂的誘惑總能免疫。

雅典娜的母親蜜提絲是歐開諾斯的女兒（參見第 31 頁），她是純粹抽象思想這概念的具象化。蜜提絲和宙斯結合之後，宙斯意識到他們生下的孩子會繼承蜜提絲抽象思辨的能力，還可能會對付自己，進而擁有統治宇宙的能力。然而宙斯太晚意識到這點了，這時蜜提絲已懷孕了。我們之前已經看到，神在母親腹中就具有神性，因而無法被毀滅（參見第二章）。於是宙斯偷了他父親的伎倆，把孩子整個吞入腹中。雅典娜在宙斯體內自然地移到支配理性的腦部，使他頭痛欲裂。對宙斯來說，「頭痛欲裂」的字面意義變成了現實，因為赫費斯托斯找

一個西元前 6 世紀的花瓶，描繪雅典娜的誕生。

出他繼父頭痛的原因，隨後用巨斧劈開了宙斯的腦袋。雅典娜從宙斯的額頭處跳了出來，有些人認為雅典娜當時就已經是成年女子的形態，甚至已經穿好了盔甲，而另外一些人則宣稱那時的雅典娜還是個孩童，後來被波賽頓的兒子屈東撫養長大。

從那時起，赫費斯托斯就和雅典娜關係緊密，畢竟雅典娜是主司工藝的女神，而赫費斯托斯則是工藝師的保護神。只有赫費斯托斯敢去試探雅典娜多麼認真地保持處女之身，而且也沒人能比他更進一步，他成功地在雅典娜的大腿上留下幾滴自己的精液。雅典娜充滿鄙夷地從身上抹去，掉到地上的精液誕生了雅典人的祖先（或僅是雅典人的宣稱罷了）。沒有其他神膽敢做出更冒犯的舉動，因為雅典娜・柏洛馬考士（Athena Promachos）作為女神在戰鬥中極度可怖。而且手持神盾（Aegis）的雅典娜在戰場上戰無不克，這個盾牌是赫費斯托斯送給她的禮物，有人說盾上鑲著金色流蘇，也有人說它只是盾狀的裝飾品，或其實是羊皮做的胸甲（到了決戰時刻，甚至連宙斯都需要向雅典娜借這個神盾）。雖然雅典娜並沒有報復心（這樣有失理智），不過她的確堅韌過人。除此之外，耐克（Nike）這位勝利女神也和雅典娜關係密切（某個運動品牌的顧客直到今天仍在認真地討她的歡心），因而雅典娜從不需要考慮失敗的可能。有一種傳統認為雅典娜和耐克都是泰坦帕拉斯（Pallas）的女兒，因此有時你會遇到帕拉斯・雅典娜（Athena Pallas）和耐克・雅典娜（Athena Nike）的說法。

在雅典人選擇接受雅典娜的禮物橄欖樹，而非波賽頓的苦澀泉水（參見第 92 頁）之後，她就成了雅典城的守護神。之

雅典娜和阿拉庫尼

與其他魯莽衝動的神祇不同，雅典娜在使用更專斷的手段前，通常還會嘗試用理性的方式解決問題。因此，當小亞細亞一位熟練的織工宣稱她的技藝勝過雅典娜時，雅典娜試圖勸說她不要如此自以為是——畢竟，正是雅典娜發明了紡織這項技藝。但織工卻拒絕退讓，在隨後不可避免的紡織比賽中，她紡出了一件足證她技藝高超的作品。這不僅是在挑戰雅典娜的作品而已，而且還在挑戰所有神，因為她紡出的圖案上都是奧林帕斯主神無禮且不負責任的一面。這個膽大妄為的織工阿拉庫尼（Arachne）因為觸怒眾神，被變成了一隻蜘蛛。但雅典娜並不能否認阿拉庫尼的觀點，因此，就像許多本來很理智的人卻害怕蜘蛛，雅典娜也有蜘蛛恐懼症（arachnophobia）——不喜歡蜘蛛。

後，她還幫助雅典人種植了其他農作物。她與雅典城一直協作良好，雅典成了希臘帶給人類的智識禮物的象徵，而雅典人也在自己的衛城上建起美麗的神廟獻給他們的處女女神雅典娜——雅典娜‧帕德嫩（Athena Parthenos）。

後世文化藝術作品：雅典娜（密涅瓦）

雅典娜與阿拉庫尼之間的競賽一直都吸引著藝術家。維拉斯奎茲（Diego Velázquez）1657 年創作的名作〈紡織女〉（*Las Hilanderas*）就描繪了這一場景。更籠統來說，雅典娜還被下列幾位畫家描繪過：佛洛里斯（Frans Floris）約 1560 年創作了〈雅典娜〉，博爾多內（Paris Bordone）約 1555-1560 年間創作的〈雅典娜鄙視赫費斯托斯〉（*Athena Scorning the Advances of Hephaestus*），克林姆（Gustav Klimt）創作於 1898 年的〈女神雅典娜〉（*Pallas Athena*）以及大衛（Jacques-Louis David）1771 年創作的〈瑪爾斯與密涅瓦之戰〉（*The Combat of Mars and Minerva*）。在雕塑領域，雅典娜最負盛名的一座雕像是美國田納西州納許維爾（Nashville）複製萬神殿當中的雅典娜‧帕德嫩像。

在大衛的畫作中，密涅瓦在戰鬥中處於瑪爾斯的上風。

閃耀之神：福伊貝・阿波羅 ◇

雙親：宙斯（父親），麗朵（母親）

配偶：無

著名的情人：錫諾普（Sinope）、科洛尼斯（Coronis）、瑪爾珀薩（Marpessa）、海亞辛斯（Hyacinth）、戴芬妮（Daphne）

子女：阿斯克勒庇俄斯（Asclepius）、米利都斯（Miletus）、林納斯（Linus）

主要屬性：預言之神

次要屬性：音樂與醫療之神，牧群與新城市的保護神

標識：雄鷹、蛇、烏鴉、蟬、狼、海豚、七弦琴、月桂樹、數字 7（由他的出生日期而來）

神廟、神諭所與聖地：德爾斐的神諭所，羅馬帕拉提諾山（Palatine）上的阿波羅神廟，提洛聖島

著名的古典雕塑傑作〈觀景樓的阿波羅〉
（*Belvedere Apollo*）。

「七弦琴和彎弓是我最珍愛的財產，
而透過神諭我將宣示主神宙斯一貫的意志。」
長髮的遠射手福玻斯如此說道，
然後他在眾多女神的驚嘆中走上了
塵世間的寬廣道路。

——————————————《荷馬讚歌 · 致阿波羅》第 2 段

　　正如之前所述（參見第 85 頁），阿波羅在提洛島出生，與
他的孿生姐姐阿特蜜斯一樣愛好弓箭，而且也時常嚴厲地處置
冒犯他的人。就許多意義上來說，阿波羅都是諸神之中最像人
類的一位，他和人類一樣充滿天賦、卻又命運多舛，文明開化、
但也能做出陰暗野蠻之舉。阿波羅的多面性同樣也能從他神的
屬性看見，這其中包含著迥然不同的職能。他是預言之神，又
是藝術的保護神，儘管他是治療之神，但他的利箭卻透過疾病
的方式殺戮。

　　阿波羅和阿特蜜斯一長大，首要之事就是追蹤母親逃離赫
拉怒火的路線。他們沿途向當年曾經拒絕收留麗朵的人展開報
復，顯然還有比惹赫拉的不滿還糟糕的事——其中就包括他們
兩人的憤怒。一隻名叫培冬（Python）的龍曾經在麗朵逃亡時
冒犯過她（後來蟒蛇就以培冬為名）。阿波羅一路追蹤培冬，
直到他位於帕爾那索斯山（Parnassus）的巢穴，把他殺死。因
為培冬一直有在洞穴中回應神諭的習慣，所以阿波羅接管了這
項工作，他在帕爾那索斯山上的德爾斐神諭所很快就成為一處
重要的聖地。阿波羅攔截一艘從克里特島出發載滿聖人的船，

獲得他的第一批祭司，他化作一種類似魚的生物，強迫他們調頭前往德爾斐。即使阿波羅的靈魂已經離開，這種生物的形體依舊存續下來，後人用這趟旅程的目的地來為這種生物命名——德爾斐尼烏姆（Delphinium），也就是海豚（dolphin）。

阿波羅非常重視他作為藝術保護神的任務。他成了繆斯們的保護者，甚至直至今日，許多城市都有阿波羅的聖殿——劇場（Odeons），最早的音樂和戲劇就是在這些神廟慶祝。

阿波羅和馬西亞斯

雅典娜曾經試過吹笛子，不過最終放棄，因為吹笛子會使她的臉頰鼓起來，顯得很不雅觀。被丟掉的樂器被一個名叫馬西亞斯（Marsyas）的牧神撿到了，很快就精通於吹奏笛子。他狂妄地向音樂之神阿波羅提出了挑戰。儘管阿波羅和牧神的吹奏一樣好，不過最後還是裁定阿波羅獲勝，因為他可以把樂器顛倒過來吹奏，並伴以歌唱。不過，有些裁判是繆斯姐妹，她們是阿波羅的下屬，顯然會有所偏袒。還有一位裁判是邁達斯國王（King Midas）（參見第140頁），他投出了唯一一張異議票，支持馬西亞斯。阿波羅為了「獎賞」他，在他顴骨上接了一對驢耳朵。馬西亞斯的命運更慘，因為他的妄自尊大，阿波羅將他的皮活剝下來——根據希羅多德的說法，在他生活的年代裡還能看見那張被剝下來的皮掛在弗里吉亞（Phrygia）的卡塔拉克鐵斯河（River Catarraktes）附近，據說阿波羅與馬西亞斯的競賽就是在該處舉行。

陷入戀愛的阿波羅

戴芬妮

　　如果說阿波羅不能隨便取笑，那麼另一位擅使弓箭的神艾洛斯顯然也輕慢不得。阿波羅因為嘲笑愛神配對的弓箭軟弱無力，被艾洛斯用黃金箭頭直穿心臟。中箭後的阿波羅瘋狂地愛上了精靈戴芬妮，她又叫做勞麗爾（Laurel）。不過愛神已經用鉛製的箭頭射中了戴芬妮，她只會不斷地逃避阿波羅的追求，最終陷入無處可逃的境地，只好將自己變成了一棵月桂樹，這種樹後來也以她的名字命名（bay laurel）。即使如此，阿波羅還是想要占有她，就將月桂樹的樹幹用來做七弦琴和弓，將月桂樹的樹葉用來編織競賽贏家頭戴的桂冠——儘管和阿波羅不一樣的是，這些贏家只要得到這頂桂冠，通常就心滿意足了。

卡珊卓（Cassandra）

　　看來愛神是下定決心要為難阿波羅，讓他在隨後的戀愛中接連受挫。儘管阿波羅贈予了特洛伊公主卡珊卓預言的天賦，她還是拒絕了他的求愛。懷恨在心的阿波羅隨後對她的天賦動了些手腳，因而卡珊卓雖然能預知真相，但不會有人相信她。

錫諾普

　　這位叫做錫諾普的淑女答應了阿波羅的求愛，不過要求阿波

羅答應她的要求。結果她提出的要求是讓自己保留處女之身。不過，有的傳統認為她後來終於不再拒絕阿波羅的求愛，因為她的兒子塞勒斯（Syrus）後來成為了敘利亞人的始祖。土耳其的一座城市就以這位女士的名字命名。

瑪爾珀薩

這名淑女最終選擇了嫁給一名凡人，而不願意冒著與神展開戀情的風險。

科洛尼斯

儘管她曾經與阿波羅同床共寢，不過最終卻嫁給了另一個人。憤怒的阿波羅殺掉她之後，才發現她已經懷上自己的孩子。他不得不盡一切手段來救下這個孩子，這個孩子就是醫藥之神阿斯克勒庇俄斯（參見第 156 頁）。

海亞辛斯

在向男性求愛這方面，阿波羅的桃花運也沒有好到哪裡去。他曾經愛上一個叫做海亞辛斯的美少年，卻意外擲鐵餅殺死了自己的愛人。從海亞辛斯頭上迸出來的鮮血化為與其同名的花朵──風信子（hyacinth）。

其他情人

阿波羅的其他情人也在世界上留下了痕跡。其中一位叫昔蘭尼（Cyrene）的女性建立了古代利比亞地區的一座大城，而另

一段情史所生的兒子米利都斯則建立一座希臘名城。阿波羅和一位繆斯生下一子名叫林納斯，天主教的第二任教宗、一個卡通人物、還有某知名電腦作業系統的發明者，都是取了林納斯這個名字。近年來，愛神似乎不再為難阿波羅了，於是與阿波羅同名的太空船阿波羅 II 號終於登陸月球（征服了月神塞勒涅）。

後世文化藝術作品：阿波羅（福伊貝）

阿波羅在很多繪畫中都曾出現，像老克拉納赫（Lucas Cranach the Elder）約 1526 年創作的〈阿波羅與戴安娜〉，提香（Titian Vecelli）1570-1576 年間殘酷血腥的〈被剝皮的馬西亞斯〉（*The Flaying of Marsyas*），文雅的普桑繪於 1630-1631 年間的〈阿波羅與眾繆斯在帕爾那索斯山上〉（*Apollo and the Muses at Parnassus*）。他對戴芬妮的追求也吸引了許多畫家的注意，這當中包括提耶波羅（Giovanni Battista Tiepolo）畫於 1755 年或 1760 年的〈阿波羅追求戴芬妮〉（*Apollo Pursuing Daphne*），勒費弗爾（Robert Lefevre）作於 1810 年的〈戴芬妮逃離阿波羅〉（*Daphne Fleeing from Apollo*），莫羅作於 1856 年的〈阿波羅與九繆斯〉（*Apollo and the Nine Muses*），以及華特豪斯 1908 年所畫的〈阿波羅與戴芬妮〉。阿波羅與馬西亞斯之間的音樂競賽，為巴哈（Johann Sebastian Bach）的《福伊貝與潘恩神的爭吵》（*Der Streit zwischen Phoebus und Pan*）的樂章提供了靈感。莫札特

（Wolfgang Amadeus Mozart） 在年僅11歲時就嘗試進軍樂壇，主要作品就叫《阿波羅與海亞辛斯》（*Apollo et Hyacinthus*），創作於1767年。

提香細緻地描繪了馬西亞斯遭到剝皮的過程。

狩獵女神：阿特蜜斯（戴安娜） ◇

雙親：宙斯（父親），麗朵（母親）

配偶：無 著名的情人：無

子女：無

主要屬性：山林和野獸的女神

次要屬性：狩獵女神，常與月神塞勒涅、巫女之神黑卡蒂（Hecate）相關

標識：鹿、白楊樹、月亮

狩獵女神戴安娜，擺出少女的拉弓姿勢。

神廟、神諭所與聖地：艾菲索斯（Ephesus）的阿特蜜斯神廟，義大利巴亞（Baiae）的戴安娜神廟，任何野生牧場、草地

妳奔跑靈敏，擲射神箭，流浪夜女，
妳殷勤、自由如男兒，帶來榮譽，
妳催促分娩，養育年輕人！
永生的大地神女，妳獵殺野獸，
統領群山森林，穿射野鹿，多麼威嚴！

──────────────《奧菲斯教禱歌‧致阿特蜜斯》第 36 首

　　在古希臘羅馬世界中，狩獵是一項嚴肅的營生。鄉村的很多土地都未經耕作，野獸無論對人還是莊稼都是很大的威脅。狩獵具有控制害獸、提供肉類和體育運動的三重功用，而且當時幾乎每個住在鄉村的人都會從事大量狩獵活動，狩獵已經成為他們日常生活的一部分。狩獵也冒著不可輕忽的風險。除了熊

阿特蜜斯和阿波羅向妮歐碧證明了神不能被輕率嘲笑。

與野豬（就力量而言牠們比任何單一獵人都強大得多），追逐的過程本身就有很多危險，其中包括有些太興奮的獵人可能朝向錯誤的方向投出銳器。獵人們需要一位神來守護他們，這點並不讓人意外，這份職責最後就落到了阿特蜜斯身上，畢竟她是守護所有野外生命的處女神。

阿特蜜斯是阿波羅的雙胞胎姐姐。她在孩童時代曾向父親宙斯請求要一直保有處女之身，和隨從的精靈和成群的獵狗一起漫遊山間。她和阿波羅一樣，把弓箭作為自己的武器（她的弓由獨眼巨人們用白銀製成），她和阿波羅一起為她母親曾受到的任何侮辱復仇。

有一個叫妮歐碧（Niobe）的女人顯然並沒有聽說過這對姐弟對那些曾經拒絕收留麗朵的人所施加的報復（參見前文），她誇耀自己比麗朵還要尊貴六倍，因為自己育有七兒七女，而

麗朵卻只生了一兒一女。一陣迅疾的箭雨很快讓冒犯女神的人付出了代價，妮歐碧沒剩下任何一子能讓她再繼續誇耀了。

阿特蜜斯和阿克泰翁

可能是因為阿特蜜斯比有些神的地位要低一點（赫拉曾經狠狠地打過她的耳光，以至於她的箭都從箭袋掉出來），阿特蜜斯對觸犯她尊嚴的行為特別敏感。底比斯（Thebes）的王子阿克泰翁（Actaeon）在林間打獵時撞見阿特蜜斯正在沐浴。盛怒的阿特蜜斯發現有人偷窺，立刻將王子變成一隻牡鹿。阿克泰翁身邊還帶著一群獵犬，訓練有素的獵犬一看到獵物，就立刻將之前的主人撕成了碎片。

西元 5 世紀的花瓶，描繪阿克泰翁被自己的獵犬所殺。

化為星座的隨從：普勒阿得斯、卡莉絲托與俄里翁

普勒阿得斯（the Pleiades）

阿特蜜斯打獵時陪伴左右的七姐妹被稱作普勒阿得斯。在維持處子之身方面，這 7 名精靈顯然遠不如自己的領袖成功，她們幾乎都曾和其他神發生過關係——儘管其中有些相對不情願。七姐妹中最年長的瑪依亞（Maia）是荷米斯的母親，另一位伊蕾特拉（Electra）的名字則意謂著「光明」，她的名字對於如今生活在地球上的人應該也不陌生，因為她和琥珀同名（琥珀的希臘語是 electron），古代人用琥珀來製造電光。（編注：普勒阿得斯化作的昴宿星團又稱七姐妹星團。）

卡莉絲托（Callisto）

和情感生活混亂的七姐妹一樣，阿特蜜斯的另一個寵兒卡莉絲托也曾被宙斯勾引。之後卡莉絲托被變成一頭熊，但並不清楚是誰把她變成熊的，儘管可以確定的是赫拉和阿特蜜斯對這段私情都很不滿。宙斯最後為了保護卡莉絲托母子，在天庭給了他們庇護，把兩人化作大熊星座與小熊星座。今天的卡莉絲托和宙斯的另外幾位情人都成了木星的衛星：愛奧是木衛一，甘尼梅德是木衛三，而卡莉絲托則是木衛四。

俄里翁（Orion）

阿特蜜斯既是野獸的保護者，但同時也熱中於打獵。她有

一個叫做俄里翁的獵伴，他是一名技藝精湛的獵人，常誇口要殺盡地上所有的野獸。這使同時具有兩種身分的阿特蜜斯陷入了衝突，不過在俄里翁被一隻毒蠍所殺之後，問題總算是解決了（有幾個人物疑似與他的死亡有關，其中就包括阿特蜜斯本人）。俄里翁曾經追求過普勒阿得斯，他和普勒阿得斯、卡莉絲托一樣，最終也變成了天上的星座（獵戶座）。他腰帶上的三顆星星使他成為夜空中最顯眼的星座，而且直到今日還在夜空中對昴宿星團窮追不捨。

在特洛伊戰爭（參見第八章）中，亞該亞人的國王阿格門儂多次冒犯了阿特蜜斯，而且她和她的弟弟阿波羅一樣，都支持特洛伊人。直到阿格門儂獻祭了自己的女兒伊菲吉妮亞（Iphigenia），她才讓希臘艦隊得以啟航，在這之前他們因為得不到順風一直被困在港口。當阿格門儂顯示出他打算獻祭的意圖後，阿特蜜斯在最後一刻用一隻鹿代替伊菲吉妮亞，此後伊菲吉妮亞一直在阿特蜜斯的監護之下。

羅馬人稱阿特蜜斯為戴安娜，艾菲索斯的戴安娜神廟是世界七大奇蹟之一。因為她出生於提洛島，也被稱為提洛島的阿特蜜斯，或直呼那座島嶼名字的陰性形式——迪莉婭（Delia）。羅馬人將阿特蜜斯轉為戴安娜之後，這個名字直至今日都是常見的女性名字，而阿波羅的名字福伊貝的陰性形式菲比（Phoebe）已經不像過去那麼流行了。

後世文化藝術作品：阿特蜜斯（戴安娜）和阿克泰翁

阿克泰翁的故事吸引了很多著名畫家的注意，其中包括提香 1556-1559 年間創作的〈戴安娜與阿克泰翁〉，切薩里（Giuseppe Cesari）1603-1606 年間創作的〈戴安娜和阿克泰翁〉，以及布雪（François Boucher）1742 年創作的〈出浴的月神〉（*Diana Leaving her Bath*）。

提香畫筆下阿克泰翁撞見阿特蜜斯沐浴的場景。

戰神：阿瑞斯（瑪爾斯）◇

雙親：宙斯（父親），赫拉（母親）

配偶：無

著名的情人：阿芙羅黛蒂、皮琳（Pyrene）、瑞雅・席爾瓦、

黎明女神伊奧絲

子女：德莫斯、佛波斯、庫克諾斯（Cycnus）、斯巴達之龍（the Dragon of the Sparti）、戴歐米德斯（Diomedes）、伊克西翁（Ixion）、哈摩妮雅、羅穆路斯、雷默（Remus）

主要屬性：戰爭之神

次要屬性：無

標識：矛、啄木鳥、禿鷹、狗

神廟、神諭所與聖地：羅馬奧古斯都（Augustus）廣場的瑪爾斯神廟，雅典的阿瑞斯神廟，任何戰場

或許你可以指責我是好戰又嗜血的阿瑞斯的忠實追隨者，
不過我也曾接受過繆斯姐妹的教導，同樣需要侍奉她們。

────────────卡爾基羅庫斯（Archilochus），《傭兵與詩人》
（*Mercenary and Poet*）（西元前 7 世紀第 1 部分殘篇）

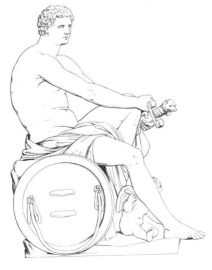

瑪爾斯，腳旁坐著一名小天使；依羅馬盧多維西別墅（Villa Ludovisi）的戰神雕塑所臨摹。

　　阿瑞斯和雅典娜都是戰神，然而雅典娜象徵的是冷靜的戰略，而阿瑞斯象徵的則是盲目的武力與暴力。因此，兩位神在特洛伊戰爭期間交戰了兩次，雅典娜都輕而易舉地擊敗了阿瑞斯。阿瑞斯在特洛伊戰爭中支持特洛伊人，不過他也可轉向支援希臘人，因為對阿瑞斯來說，重要的是戰鬥和屠殺本身，誰輸誰贏倒是無所謂。既然他抱持這種態度，所以他在眾神或人類之中都稱不上多受歡迎，也就不足為奇了。即使是與赫拉一起生下阿瑞斯的宙斯，對這個兒子也感到有些矛盾，畢竟阿瑞斯喜歡與好戰、野蠻的色雷斯人（Thracians）待在一起，而非希臘南部的文明人。

　　尚武的斯巴達人自然最為崇拜戰神阿瑞斯，而且他們相信自己是阿瑞斯其中一子的後代。斯巴達人宣稱他們的祖先就是被英雄卡德摩斯（Cadmus）殺死的一條水龍。當龍牙被撒入土地後，每顆龍牙埋進去的地方都誕生了一位全副武裝的戰士，

卡德摩斯屠殺水龍，背景中出現了雅典娜。

這就是最早的斯巴達人。卡德摩斯透過迎娶阿瑞斯的女兒哈摩妮雅，和阿瑞斯議和，然後在他屠龍之處附近建立了底比斯城（底比斯城的遺址在史前時代恰好就是一片湖泊，這點可能並非巧合）。

戰神生下恐懼之神和驚慌之神（參見第 76 頁），同時還生下了和諧之神，似乎顯得很怪，不過有些人宣稱哈摩妮雅溫柔的性格承自於她的母親阿芙羅黛蒂，當時阿芙羅黛蒂正陷入與阿瑞斯的狂熱戀情之中。正如我們即將讀到（參見第 130 頁），阿芙羅黛蒂的丈夫赫費斯托斯對這段私情深懷不滿，很快就找到了羞辱兩人的辦法。順道一提，卡德摩斯和哈摩妮雅就是被宙斯現出真身燒死的瑟美莉（參見第 71 頁）的父母。黎明女神伊奧絲是阿瑞斯的另一位情人，引起阿芙羅黛蒂的嫉妒，所以愛神讓伊奧絲不斷陷入戀愛之中，對象形形色色。

另一個和阿瑞斯奇怪的連結是正義。這源自阿瑞斯曾經為了保護一個女兒免受波賽頓之子強暴而直接殺死他。在第一宗殺人案的審判中，阿瑞斯成功地在眾神前為自己辯護，這場審判發生的地點後來成了雅典城的一部分，該地叫做「亞略巴古」（Areopagus）。雅典城中所有的殺人案都在這裡審理，後來聖保羅（St Paul）也是在這裡發表了那篇著名的演講，要聲討包括阿瑞斯在內的「異教」神。

儘管古希臘人對他們的戰神有明顯的矛盾態度，不過阿瑞斯在羅馬就更受歡迎了，阿瑞斯的形象與許多其他民族的戰神形象融合在一起，變成了戰神瑪爾斯。據說瑪爾斯使維斯塔處女、王位繼承人瑞雅·席爾瓦受孕，生下了羅馬城的創建者：

海克力斯擊傷阿瑞斯

阿瑞斯有個生性邪惡的兒子叫做庫克諾斯，他熱中殺死旅行之人，用他們的顱骨與其他骨頭為他的父親建造神廟。當海克力斯這名旅客經過時，庫克諾斯邪惡之行終於遭受挫敗。阿瑞斯繼承了他母親對海克力斯的仇恨，因此立刻上前幫助他的兒子攻擊海克力斯。雅典娜也隨即出現，幫海克力斯擋住了阿瑞斯的攻擊，那時海克力斯正全力對付庫克諾斯，以致無暇他顧。當他發現阿瑞斯的威脅之後，直接擊傷了阿瑞斯的大腿。戰神不得不撤回奧林帕斯山醫治傷口（以及受挫的自尊），不再受到妨礙的海克力斯迅速殺死了嗜血的庫克諾斯。

羅穆路斯與雷默。儘管奧古斯都平時是阿波羅文明藝術的崇拜者，他在羅馬城中興建的奧古斯都廣場上建立的神廟卻是供奉戰神瑪爾斯。他將這座神廟稱為「復仇者瑪爾斯神廟」，因為奧古斯都認為他是受到戰神瑪爾斯的庇佑，才能殺死刺殺他養父凱撒大帝的刺客。

現代世界中火星這顆「紅色行星」依舊以瑪爾斯的名字命名，而在古代開始行軍的三月（March）也以他的名字命名。「martial」一詞意指和軍事相關的事物，而動詞「to mar」則指戰爭對地理環境的影響。當然，手持希臘盾牌、背負長矛的重裝步兵形象也成了瑪爾斯及男性的象徵，一如阿芙羅黛蒂的手鏡象徵著女性。

精巧的工匠：赫費斯托斯（霍爾坎） ◇

雙親：赫拉（母親）

配偶：阿芙羅黛蒂

著名的情人：阿提絲（Atthis）、阿格萊亞、雅典娜（其實不是，但差點就成功了！）

子女：潘朵拉（他的造物）、埃瑞克托尼俄斯（Erichthonius）、培里佩特斯（Periphetes）

主要屬性：工匠之神

次要屬性：鍛工的保護神，火焰與火山之神

標識：鐵錘、鐵砧與鐵鉗、斧頭

神廟、神諭所與聖地：雅典的赫費斯托斯神廟，利姆諾斯島（Isle of Lemnos）——該島的國際機場現在仍以赫費斯托斯為名，以及西西里島阿格里真托的霍爾坎神廟

哦，繆斯姐妹啊，請妳們用嘹亮的嗓音為赫費斯托斯高聲歌唱，他因自己鐵砧下的千種造物而熠熠生輝，又同明眸的雅典娜一道，向人類展現他慷慨贈物的美妙。如果我們的祖先不曾學會火神精湛的技藝，那人類還將在洞穴與空谷間生存，與野獸也不曾有什麼分別。

——《荷馬讚歌・致赫費斯托斯》第 2 段

　　赫費斯托斯最重要的身分是位鐵匠，他在奧林帕斯山上做著和古典希臘時代鐵匠同樣的工作。赫費斯托斯是個局外人，有時候會被諸神嘲諷，不過他們還暗中擔心他玄奧的技藝。與古希臘早期的很多鐵匠一樣，赫費斯托斯是個跛子。這是因為當

時鐵匠在冶煉銅礦時有時會加入砷以去除硫化物雜質，過程中會吸入毒霧導致砷中毒，繼而跛足。希臘人則相信赫費斯托斯的跛足，是因為赫拉試圖不借助四處獵豔的丈夫宙斯，獨自生下一個孩子，最後產下赫費斯托斯這個失敗的結果。赫拉厭惡她這個孩子，以至於直接將他從天庭拋到海洋，赫費斯托斯是被海洋精靈緹蒂絲（Thetis）撫養長大的，她是後來的英雄阿基里斯的母親。

赫費斯托斯在利姆諾斯島上被撫養成人，後來這座島成了崇拜赫費斯托斯的宗教中心。也是在這座島上，赫費斯托斯學會了如何成為一名巧匠，比如荷米斯的帶翼涼鞋就是出自他之手。他也為其他神製造了鞋具，當中就有為自己的母親赫拉製作的堅韌涼鞋（赫拉在試穿這雙鞋行走時，直接面朝下摔在地上）。赫拉若非沒有感受到這件禮物釋放的敵意，就是沒有意識到自己接下來收到的金王座也是出自這個兒子之手。赫拉一坐上王座，上面就冒出了無數的金線圈把她綁在王位上。如果

赫費斯托斯和緹蒂絲及阿基里斯的盔甲。

不把他重新接回奧林帕斯山，再將美麗的阿芙羅黛蒂許配給他，他就拒絕釋放赫拉。因為戴奧尼索斯把他灌醉之後騙走了他的鑰匙，他沒能獲得機會提出進一步的要求。

　　儘管赫費斯托斯為天庭創造了不少實用的造物，他創造了潘朵拉（參見第 40 頁），以及將普羅米修斯綁在岩石上的鎖鏈

被冷落的丈夫赫費斯托斯

赫費斯托斯的妻子阿芙羅黛蒂並不是幸福的新娘，她很快就和英俊瀟灑的戰神阿瑞斯之間展開一段私情。這段關係事實上相當危險，畢竟大多數神都收過赫費斯托斯製作的禮物或工具而欠著人情──就連阿芙羅黛蒂那條著名的腰帶都是出自赫費斯托斯之手。太陽神海利歐斯也收過赫費斯托斯為他打造的戰車，覺得要報答對方，當他駕著戰車每日例行巡視天際時，剛好看到了阿芙羅黛蒂和阿瑞斯這對愛侶正在卿卿我我，他就將這個消息告訴了赫費斯托斯。（阿瑞斯已經預料到了太陽神會來，派了一名青年戒備，時候一到就來警告他。因為這名青年沒能完成任務，阿瑞斯就把他變成公雞，從此公雞就有每天報曉宣示日出的職責。）赫費斯托斯做了一張精巧但結實的網偷偷罩在床上，等到阿芙羅黛蒂和阿瑞斯沉浸於床笫之歡時，這張網就從上方落下來把他們綁緊，即使是勇武如阿瑞斯也動彈不得。赫費斯托斯隨後就請諸神來參觀這個場面，儘管只有男神占到便宜，可以借機一睹阿芙羅黛蒂這名副其實的肉慾化身。

（參見第 40 頁），也是因為赫費斯托斯揮斧砍開了宙斯的頭顱，才有了雅典娜的誕生（參見第 107 頁）；然而他還是再度被流放了。

他的流放是因為在他母親赫拉與宙斯之間司空見慣的爭吵中，有次站在母親這邊。因為被赫拉對海克力斯無休無止的迫害所激怒，宙斯為他的妻子準備了嚴厲的懲罰，赫費斯托斯可能向宙斯提出了強烈抗議，也有可能（有些說法）他直接採取了實際行動幫助赫拉。赫費斯托斯被宙斯結結實實地扔出了天庭，在空中墜落了整整一天才落地。在被流放到地上期間，赫費斯托斯在西西里島一直噴薄著岩漿的埃特納火山下造了自己的鍛爐。在西西里島上他創造了諸如會走路的三腳凳，還有青銅機器人等奇觀。羅馬人宣稱只要維納斯（阿芙羅黛蒂）對他流放在外的丈夫不忠，埃特納火山就會突然爆發，儘管應當提一下，赫費斯托斯也被認為和美儀三女神之中的阿格萊亞——羅馬人稱她為查莉絲（Charis）——也保持著親密關係。

羅馬人將赫費斯托斯稱為霍爾坎，霍爾坎與火山之間有某種相似性，顯示赫費斯托斯接管了羅馬之前火神曾具有的一些特性。魚是獻給霍爾坎的祭禮，尤其是在 8 月點起篝火的「火神節」（festival of the Volcania）。因為他是一位理智又善於解決問題的神，所以歷久不衰的科幻影集《星艦迷航記》（Star Trek）的外星人「瓦肯人」（Vulcans）有著和火神同樣的特質也就不足為奇了。一些包括汽車輪胎在內的橡膠製品在製作時都需要經歷「硫化」（vulcanization）的硬化過程。

後世文化藝術作品：赫費斯托斯（霍爾坎）

維拉斯奎茲 1630 年畫的〈火神的鍛鐵坊〉（*The Forge of Vulcan*）是迄今為止關於赫費斯托斯最著名的畫作，它也為勒南兄弟（Brothers Le Nain）1641 年創作的〈霍爾坎鐵爐旁的維納斯〉（*Venus at the Forge of Vulcan*）提供了靈感。丁托列托（Jacopo Tintoretto）1555 年創作的〈戰神與愛神被霍爾坎發現〉（*Mars and Venus Surprised by Vulcan*）同樣值得一看，其中描繪了戰神瑪爾斯卑怯地躲在椅子下的情景。

門旁的信使神：荷米斯（墨丘利）　◇

雙親：宙斯（父親），瑪依亞（母親）

配偶：無

著名的情人：德律奧佩（Dryope）、阿芙羅黛蒂

子女：潘恩（Pan）、赫美芙羅狄特、奧托利克斯（Autolycus）、普利亞波斯、伊凡德（Evander）

主要屬性：神之信使

次要屬性：喚夢者，運動員、旅人、騙子、妓女、逾越道德和法律界限者的守護神，洞察與雄辯之神——解釋學（hermeneutics）一詞即出自荷米斯

標識：帶翼手杖、帶翼頭盔、帶翼涼鞋、公雞與烏龜

神廟、神諭所與聖地：龐貝古城的墨丘利神廟，薩摩斯島（Samos）上的荷米斯與阿芙羅黛蒂神廟

刻有墨丘利形象的寶石（通常都會選用祖母綠）。

哦，強大的荷米斯啊……
請不要如此無情不去傾聽我們的祈禱……
你在眾神之中最慷慨、最大度，
也最像我們人類，請賜福於我們吧。

――――亞里斯多芬（Aristophanes），《和平》（*Peace*）第 385 行起

　　荷米斯作為諸神最聲名狼藉的一位，將他庇護的範圍一併擴展至妓女、竊賊、騙子以及所有突破一般行為界限的人身上。因為這才是墨丘利（羅馬人如此稱呼荷米斯）的真實角色。他站在邊界之上，而且不吝於幫助任何逾越界限的人。因此，準備出行的旅人都會預先向這位神禱告，祈求他能在接下來的旅途引導自己，而那些即將展開最後及最長旅程的亡者，也會發現荷米斯正等著將他們平安地帶向冥府。和波瑟芬妮還有女巫之后黑卡蒂（參見本書 159 頁）一樣，荷米斯是少數幾個可以在黑帝斯陰暗冥府中暢行無阻的神，因此起初也是由他護送被劫持的波瑟芬妮回去見等待得心急如焚的黛美特。

荷米斯和七弦琴

荷米斯還是個早熟的孩子。他剛生下來那天，就偷走了同父異母兄弟阿波羅的聖牛。在獻祭了牛群中的兩頭牛之後，他將牠們的牛筋作成弦，穿過了他在路上遇見的一隻烏龜的龜殼。他對烏龜說：「儘管你要死掉，但你的殼卻能用來彈奏美妙的音樂。」就這樣，他製造了第一把七弦琴。荷米斯將這把琴送給追來的阿波羅，打消了他的怒火（想要在阿波羅這位預言與占卜之神面前遮遮掩掩可不容易）。荷米斯辯稱自己年幼的身體需要牛乳，所以才偷走了阿波羅的牛群。這顯然不是事實，不過創造出七弦琴的荷米斯是個出色的騙子。阿波羅還是音樂之神，他被七弦琴的琴聲迷住了，輕易地接受了荷米斯的狡辯。荷米斯說服他接受這件樂器，就此忘掉牛群失竊的不快。

死去的角鬥士（gladiators）會被打扮成荷米斯的羅馬化身（墨丘利）的隨從，從競技場的「亡者之門」拖出。

荷米斯從阿波羅獲得了他的黃金手杖 —— 神使之杖（caduceus）。神使之杖是一根上面刻有兩條爭鬥蝮蛇的帶翼手杖，阿波羅送給荷米斯這件禮物時，也賦予了他新的屬性，荷米斯的新角色就是充當交戰雙方的信使，他也成為外交官和使者的保護神。事實證明，這個新的職能與他本來的界限之神的身分頗為相稱。

荷米斯只要穿著赫費斯托斯贈給他的帶翼頭盔與帶翼涼鞋，就能在天庭、大地與冥府間穿梭自如，這些裝備不僅讓他能通

行各處，還能使他變得格外敏捷。所以不出意料的是，他成了諸神之間的信使，直至今日他都繼續履行著他的職責：幾家報紙與通訊社都以荷米斯為標誌，他也出現在英國陸軍皇家通訊團的徽章之上。荷米斯的神使之杖經常和醫藥之神阿斯克勒庇俄斯（參見第156頁）的蛇杖相混淆，後者是醫學專業中幾個分支機構的象徵。神的訊息被稱為「angelia」，從此就有了自己的生命，化作了「天使」（angels）。彩虹女神伊莉絲（Iris）也和荷米斯分享眾神的使者這個角色，希臘人經常能看到她在海洋、天庭間穿梭，最後又回到大地，留下一道拱形的弧線。

荷米斯幾乎天生就是搭訕的行家，據說他和阿芙羅黛蒂生下一個孩子，但赫費斯托斯並沒有找他麻煩。這個孩子就是生育之神普利亞波斯（參見第76頁），他最顯著的特徵就是有根勃起的陰莖。近代濫用化學藥品治療男性性功能障礙，導致一度罕見的陰莖異常勃起症（priapism）有所增加，有一些不幸的男性發現透過服用藥物可以讓性生活的品質和時間一起提高，結果卻成了這種病症的犧牲品。

荷米斯的另一個孩子赫美芙羅狄特被名叫薩爾瑪西斯（Salamacis）的精靈瘋狂追求，最後諸神不得不同意讓他們兩人合為一體，成為了雙性人（hermaphrodite），他同時具有男女兩性的性徵。荷米斯還有一個孩子是林地之神潘恩（參見第147頁）。

就像赫費斯托斯的孩子往往是跛子一樣，荷米斯的子女也都繼承了他的偷竊癖、狡詐及親和的魅力。因此，荷米斯的兒子奧托利克斯成為了著名的竊賊也就不足為奇了，奧托利克斯是

奧德修斯的外祖父，而奧德修斯正是最足智多謀、善於辭令的
希臘人。

　　荷米斯作為墨丘利，在現代世界變成了水星，這個設定不
僅顯示了他和太陽（海利歐斯）之間的緊密關係，還有他圍繞
太陽轉動速度的迅捷。今天人們最為熟知的荷米斯化身時尚精
品品牌愛馬仕（Hermes），這個與荷米斯同名的品牌生產的

後世文化藝術作品：荷米斯（墨丘利）

卡拉奇（Annibale Carracci）在 1597-1600 年間繪有〈墨丘利
和帕里斯〉，而布雪在 1732-1734 年間畫有〈墨丘利將嬰兒
巴科斯交給精靈〉（*Mercury Confiding the Infant Bacchus to the
Nymphs*），還有維拉斯奎茲 1659 年畫的〈墨丘利與阿古士〉，
這幅畫在 1734 年的一場火災中倖免，當時一名反應靈敏的
工人直接將它從畫框切下來，然後帶著它飛速逃離了起火的
賽維利亞王宮（Alcazar palace）。

維拉斯奎茲畫中的墨丘利與阿古士。

絲巾與皮包被狂熱的顧客視如珍寶。形容一個人情緒易變會用
「mercurial」這個形容詞，還有一種緩慢流動的液態有毒金屬
也以墨丘利為名（譯注：水銀），它提示你與墨丘利打交道會直
接讓你前往冥府。

誕生三次的宴飲之神：戴奧尼索斯（巴科斯）◇

雙親：宙斯（父親），瑟美莉（母親）

配偶：無

著名的情人：雅瑞安妮（Ariadne）、帕勒涅（Pallene）

子女：歐律墨冬（Eurymedon）

主要屬性：酒神

次要屬性：魅力的賦予者，友誼與解除憂慮之神

標識：葡萄、酒神杖（the thyrsus）與黑豹

神廟、神諭所與聖地：雅典的戴奧尼索斯神廟（與同名劇院相
鄰），巴勒貝克（Baalbek，即現在的黎巴嫩）的巴科斯神廟，
帕加馬（Pergamum）的戴奧尼索斯神廟

我是戴奧尼索斯，眾神之王宙斯的兒子，
由他和卡德摩斯的女兒瑟美莉所生下，
在宙斯威嚴的雷光之中，
我由霹靂和火焰所接生。

————————尤里彼德斯《酒神》開場白，戴奧尼索斯的自我介紹

西元 3 世紀羅馬石棺上的戴奧尼索斯，他被視為重生的象徵。

　　任何一個參加過家庭聚會的人對於節慶都不陌生，節慶中總是有著潛藏的暗流湧動，如果人們喝了太多酒，本來縱情歡樂的聚會就會走向癲狂與失控。古希臘羅馬人對此深有體會，對他們來說，戴奧尼索斯（羅馬人稱酒神為巴科斯）可是一個十足危險、複雜而又令人情感複雜的人物，而非現代人想像中那個戴著葡萄藤冠冕的歡快狂飲者。

酒神的多次誕生

　　戴奧尼索斯有著奇特的出生經歷，以及同樣奇特的成長經歷。

第一次出生

　　我們已經提到過他的母親瑟美莉是如何被宙斯顯現真身時

的雷光燒死（參見第 71 頁）。宙斯為了救下自己尚未出生的孩子，匆匆從他母親遺骸的子宮取出了他，割開自己的大腿將他縫了進去。

第二次出生

顯然神的大腿是替代子宮的絕佳環境，戴奧尼索斯終於長到足月。不過保護他免受赫拉滿懷嫉妒的報復可並不容易。在一個故事中，年幼的戴奧尼索斯被偽裝成一隻小羊。

第三次出生

赫拉看穿了戴奧尼索斯的偽裝，隨後派出一些泰坦族撕碎了小羊，直接吞進肚子。雅典娜搶救出了嬰兒的心臟，隨後將他的心臟重新植入子宮之中，酒神得以重生。戴奧尼索斯隨後被假扮成女孩長大，他的形象經常有雌雄同體的特徵。

戴奧尼索斯的誕生。

　　赫拉再次成功地襲擊了戴奧尼索斯，這次她使戴奧尼索斯變得瘋狂，後來酒神也經常以癲狂的形象出現。戴奧尼索斯以半精神錯亂的狀態在小亞細亞地區遊蕩，最遠甚至到達了恆河地區，身邊跟隨著許多牧神與酒神狂女（Maenads）。酒神狂女的字面意思就是「瘋癲之人」──這些女性身著鹿皮，手持活蛇，人們認為她們在這種迷醉的狀態下會活活撕碎動物，然後再直接生吃下去。一些古代人認為酒神狂女是在模仿泰坦族曾

邁達斯國王

邁達斯是小亞細亞地區的一位國王，他的父親為世界留下了傳奇的戈爾迪之結（Gordian knot）。有一天，邁達斯遇見牧神西勒諾斯（Silenus），他是酒神的亦師亦友，與酒神徹夜狂飲之後，在宮殿的玫瑰園中醉得不省人事。邁達斯盡地主之誼招待了這位陌生人 10 天 10 夜，直到戴奧尼索斯來尋找他失蹤的追隨者時為止。為了報答邁達斯對西勒諾斯的款待，酒神答應可以滿足他一個願望，邁達斯提出了那個著名的願望：任何他手碰到的物品都將變成金子。很可惜的是，邁達斯國王沒有注意到他願望的連帶後果（這在求神幫助的人類身上很常見），結果就是他能碰到的「所有東西」都變成金子了。當然也包括他的飲食，甚至在某個版本的神話中，當他向女兒尋求安慰時，也把她變成了金子。最終戴奧尼索斯終於答應收回他賜予邁達斯的有害禮物，他指引邁達斯去派克托勒斯河（River Pactolus）洗去手上的神力，而這條河水從此也以盛產金沙而聞名。

經對嬰兒時的戴奧尼索斯所做過的行為，儀式性地吞服下了她們的神——不過其他人透過喝葡萄酒也同樣喝下了戴奧尼索斯的身體。

　　瑞雅治好了戴奧尼索斯的瘋癲，之後他返回希臘，他在那裡費盡努力才使人承認他的神性——即使是古代人都認為這條傳說可能反映了古典時代之前的希臘人不願意接受亞洲教派。當

瘋癲的酒神狂女在戴奧尼索斯面前撕碎一個不幸的人（位於圖片左側）。

然，崇拜戴奧尼索斯與崇拜希臘其他神有很多不同之處。他的外表陰柔（雖然他是眾神中最常被描繪的神，但在畫中他從未以勃起的形象出現，而且畫中的他經常作女性打扮），而他在女性為主體的信徒中激起的瘋癲情緒，在古希臘羅馬社會的父權、崇尚男子氣概的文化中顯然會引起極大的不安。

羅馬人覺得酒神崇拜的儀式非常令人不安，它甚至在後來的羅馬共和國時期引發了道德恐慌，數以百計被懷疑參加酒神「祕密儀式」的人被逮捕，其中很多都被處死。即使後來酒神節已經成為了許多古代城市生活的標準特徵，人們還是相當不情願接納他進入常規的奧林帕斯 12 主神之列。許多流傳到今日的「正典」，還特意拒絕將酒神列為 12 主神之一。

戴奧尼索斯（巴科斯）與酒，尤其是酒後所陷入的迷醉狀態之間有著不可分離的關係。戴奧尼索斯教會釀酒的第一個人，後來被他的鄰人所殺，鄰人以為他在下毒──某種意義上也可以這麼說，因為醉酒（intoxication）一詞中的「toxic」，意思就是「有毒的」，而酒精的確是一種溫和的毒性物質。不過無論後來的希臘羅馬人如何看待戴奧尼索斯，他們都不會拋棄這位神，畢竟拋棄他意謂著從此就要遠離美酒。因此戴奧尼索斯象徵著節慶、摒除文化規範的約束，以及逾矩行為的合法化。不過他還象徵著不受禁錮的癲狂、難以控制的激情，儘管那些陷入酒神的迷狂狀態中的人，並不會被認為是精神失常，但戴奧尼索斯確實會讓那些冒犯他的人發瘋。

戴奧尼索斯的象徵是酒神杖，一支纏著葡萄藤、頂端放有棕櫚毬果的手杖。為了避免有人看不出它作為男性生殖器的象徵

意義（儘管酒神節時，這根手杖會被刻成一個唯妙唯肖的男性生殖器形象），酒神杖通常會和女性生殖器的象徵「酒杯」一同出現。戴奧尼索斯在節慶時經常被描繪成騎著黑豹或是坐在豹子拉的戰車上。

儘管戴奧尼索斯有著雌雄同體的傳聞，他還是有許多情人，其中一位就是雅瑞安妮。據說他在雅瑞安妮被翟修斯遺棄（參見第 232 頁）之後收留了她。他們生下的兒子就是阿爾戈英雄之一的歐律墨冬，伯羅奔尼撒戰爭的一處主戰場後來就以他的名字命名。

後世文化藝術作品：戴奧尼索斯（巴科斯）

豪飲者巴科斯在畫家眼中的確比形象更複雜的戴奧尼索斯更有吸引力，最典型的例子就是貝里尼（Giovanni Bellini）1505-1510 年間畫的〈嬰兒巴科斯〉（*The Infant Bacchus*）中那個喝得爛醉的小嬰兒。在雷尼（Guido Reni）1623 年畫的〈飲酒的巴科斯〉（*Drinking Bacchus*）中，這個主題甚至更為明顯。提香在 1520-1523 年間創作的作品〈酒神與雅瑞安妮〉（*Bacchus and Ariadne*）中所描繪的巴科斯形象（從各種意義上來說）都更為成熟。

酒神的雕像無論是在古代或現在的花園都十分受歡迎，聖彼得堡的國家隱士盧博物館（State Hermitage Museum）中的〈巴科斯〉雕像就是這個題材的傑出作品。1909 年，馬斯奈（Jules Massenet）甚至以巴科斯為主角創作了一齣歌劇。

提香畫中的巴科斯對雅瑞安妮一見鍾情，甚至從戰車上摔了下來。

5

次級神、
魔法生物與
英雄的祖先

　　希臘世界有著幾十位神，而到了羅馬世界，數量恐怕就要以千計了。不過這些羅馬神中的大多數，甚至包括一些羅馬主神，比如雅努斯（Janus）、密特拉（Mithras）、伊西絲（Isis）都和我們的古典神話世界並沒有多少交集。在古典世界中最常見的神則是下列這些：

潘恩（西爾瓦努斯）◇

荷米斯備受寵愛的兒子啊，
你生有山羊一樣的前蹄，
是美妙樂聲的狂熱擁躉，
你與精靈們一道遊蕩，
無論是在森林還是草地間徘徊。

―――――――――――――《荷馬讚歌 · 致潘恩》

潘恩在追求一位牧羊人，由一位信奉潘恩的畫家所作。

　　潘恩的母親是德律奧佩，她很可能曾經是普勒阿得斯七姐妹（參見第 121 頁）之一。德律奧佩和好幾位神都有曖昧的關係，其中包括荷米斯。她和荷米斯生下的孩子生有羊足，頭上長著羊角，毛髮濃密。德律奧佩看到自己生下來的嬰兒居然是如此模樣，不禁尖叫著逃走了。因此潘恩生下來就能引發人產生毫無根據的驚懼感，今日的恐慌（panic）一詞正是如此。

　　潘恩被森林精靈所收養，從此就以森林為家，他尤其偏愛住在希臘南部阿卡迪亞（Arcadia）密林覆蓋的山丘之中。他成了牧羊人的守護神，他們的確對他十足虔誠，即使是到今日他的名字也沒有被我們遺忘，儘管他羊足羊角的形象如今成了基督教的大敵，這是魔鬼的標誌。潘恩作為一位生育之神，也不屈不撓地追求著精靈們，其中一位名叫席琳克絲（Syrinx）的精靈為了躲避他，甚至把自己變成了一片蘆葦地。潘恩用這片蘆葦做成了一支笛子，直至今日人們提起他的名字時都會想起笛子，後來潘恩就是拿著笛子向阿波羅挑戰，不過他最終在這場音樂比賽中輸給阿波羅。

後來雅典人將馬拉松戰役的勝利歸功於潘恩的直接干預。一名名叫斐迪庇第斯（Pheidippides）的傳令兵（他一路狂奔向雅典人通報了勝利的消息，以致氣竭而亡，雅典人為了紀念他的偉業，直至今天都還重複他當年跑過路程的比賽）在之前向斯巴達人通報消息的時候，講述了他聲稱自己曾與潘恩有過一次對話。

復仇三女神（厄里倪厄斯／狄拉厄）◇

有翼的復仇女神注定要使
專橫而自負的希臘人，
遭受到毀滅的懲罰。

——昆圖斯（Quintus Smyrnaeus），《特洛伊城的陷落》
（*The Fall of Troy*）第 5 卷第 520 行

希臘世界中的復仇可以透過很多形式展現。厄里倪厄斯（Erinyes）是希臘人對復仇女神們的稱呼，意思是「憤怒者」，而羅馬人則稱這三位女神為狄拉厄（Dirae），如今「不祥的」（dire）一詞也被認為是從狄拉厄衍生出來。儘管也有人宣稱夜神倪克斯和黑帝斯才是復仇女神的雙親，但海希奧德堅稱：復仇女神們從某種意義上可以說是阿芙羅黛蒂的姐妹，因為她們也是從烏拉諾斯被克羅納斯閹割時的血液中誕生的。

可能正是因為這個緣故，復仇女神們將為子女謀害父母的罪

行復仇當作她們的畢生追求，不過很快她們就同樣開始也會為謀殺、違背主賓禮節、瀆神、褻瀆聖地或其他侮辱神的罪行復仇。她們報復的方式一般是使人精神失常或染上疾病。有時候如果冒犯者沒有得到應有懲罰，他所身處的整個社區都會被復仇女神們降災，出現瘟疫、莊稼歉收，甚至瘋狂想去侵略一個疆域遼闊、國力雄厚的鄰國。而正如你們的猜測，現代「狂怒」（fury）一詞就是從復仇女神們的名字而來。

　　儘管復仇女神們會接受被子女虐待的父母的呼籲，向他們的子女尋求復仇，不過她們似乎也會自行為瀆神的行為實施報復。復仇女神總共有 3 位：分別是阿勒陀（Allecto）、堤西豐（Tisiphone）和梅加拉（Megaira）。儘管劇作家埃斯庫羅斯把她們形容為極其醜陋的蛇形怪物，一般情況下，復仇女神們通常是 3 位穿著黑色喪衣、面容冷峻的年輕女子，而當她們尋求復仇時就會換上少女短裙，穿著齊膝獵靴，並手持鞭子作為武器。

奧瑞斯提亞面對復仇女神們（古代石棺嵌板上的畫面）。

涅墨西斯 ◇

母親，哦，我的黑夜母親，
妳把我生養，復仇活人和
死去的靈魂──請妳聆聽！

──埃斯庫羅斯，《復仇女神》第 321 行起

　　與復仇三女神相比，夜神那誰也無法逃脫的無情女兒涅墨西斯管轄的範圍要更廣一些。她被視作一種平衡的原則，是眾神中最反覆無常的好運女神堤喀（Tyche）的對立面。當堤喀對並不夠格的人給予好運時，毫不留情的涅墨西斯就會緊隨其後，降下與之相應的不可避免的厄運。她特別留意那些狂妄傲慢或過於自負的人。現代諺語說「驕兵必敗」（pride goes before a fall），而古代人則認為這樣的失敗是由涅墨西斯所推動的，或許毀滅的懸崖就在你眼前。

　　比如，曾經有一個美少年被厄科愛慕，厄科就是被詛咒只能重複別人說過的話的精靈（參見第 89 頁），不過美少年對厄科全無興趣。在遭到強硬的拒絕之後，厄科日漸憔悴，甚至最後化作了虛空，除了她的聲音什麼也沒留下。於是涅墨西斯詛咒了這位少年，讓他迷戀上水塘裡自己的倒影。這個美少年就是納西瑟斯，因為不捨得從自己的倒影旁離開，在水塘邊日漸憔悴。他為後世的心理學家們留下了「自戀人格」（narcissistic personality）來研究，還有一朵花與他同名，也就是水仙。據說納西瑟斯的靈魂如今還在斯堤克斯河（River Styx）岸邊，充

後世文化藝術作品：涅墨西斯

杜勒（Albrecht Dürer）於 1500 年左右創作的〈涅墨西斯〉中的女神顯然正在考慮要如何處置一座城市的命運，這座城市一般被認為是奧地利提洛爾（Tyrol）的丘薩（Chiusa）。達利（Salvador Dalí）在 1937 年創作的〈水仙的蛻變〉（*Metamorphosis of Narcissus*）中提到了納西瑟斯的故事。

克羅伊斯的財富

克羅伊斯（Croesus）是小亞細亞的呂底亞國王，因豪富而聞名於世。他意識到自己有生以來一直處在某種不祥的幸運之中。為了逃避涅墨西斯的報復，他決定將他最愛的那枚戒指扔進大海。不幸的是，當一週之後在他享用晚餐吃魚時，在魚腹裡發現了那枚戒指，堤喀女神以這樣的方式將戒指還給他。涅墨西斯同時也在為這位幸運女神的寵兒準備懲罰：一支波斯的侵略大軍正準備帶給克羅伊斯真正的厄運。不過很快地就輪到波斯人受到報復，波斯人剛一擊敗克羅伊斯，就對征服希臘人充滿信心，確信將在馬拉松擊敗希臘人，侵略的大軍甚至還帶上了一塊巨石，打算在戰後用這塊石頭雕成標誌著勝利的紀念碑。希臘人打敗波斯軍隊後，一併俘獲了這塊巨石。對於這樣的一塊石頭，唯一合適的做法就是將它刻成涅墨西斯的雕像，於是雅典人將這尊神像放在阿提卡（Attica）的拉姆諾斯（Rhamnos）的涅墨西斯神廟當中。

滿愛意地凝視著自己水中的倒影。羅馬人將涅墨西斯稱為福爾圖納（Fortuna），直至今日仍有許多義大利人對她的名字充滿敬畏。

涅墨西斯甚至還跟富庶又龐大的特洛伊城最終的陷落有關。根據某個版本的傳說，宙斯曾經試圖追求涅墨西斯，但涅墨西斯不斷變化自己的形態試圖分散宙斯的注意力。在她變成一隻鵝的時候，宙斯將自己變成天鵝，並以天鵝的形態最終贏得了她的芳心。他們結合生下了一顆蛋，從蛋中孵出了凡人女子中最美麗的海倫。在這個傳說中，海倫是由麗妲撫養長大的。不過一般認為，宙斯是透過重複化作天鵝的伎倆，引誘了麗妲，並與她生下了海倫。

狄奧斯庫洛伊：海狸與加倍的甜蜜 ◇

特洛伊的海倫還有兩個哥哥。儘管他們是雙胞胎，但兩人卻有不同的父親，其中一個的父親是人類，另一個則是宙斯。這就意謂著卡斯托（Castor，字面意思是「海狸」）是凡人，而波呂杜克斯（Polydeuces，字面意義是「加倍的甜蜜」）則擁有永生。這兩個兄弟被合稱為狄奧斯庫洛伊（the Dioscuri），而他們參與了他們那個時代幾乎所有英雄冒險的狂歡之中。

他們曾經與傑森的阿爾戈英雄們（Jason's Argonauts，參見第 186 頁）一起遠征，還參加了卡利敦野豬狩獵（Calydonian Boar hunt，參見第 197 頁），隨後為了解救自己被翟修斯拐走

後世文化藝術作品：麗妲

麗妲對許多藝術家來說都是難以抗拒的形象，像蔣皮特里諾
（Giampietrino）在約 1520 年就創作了〈麗妲和她的子女〉
（*Leda and her Children*），達文西（Leonardo da Vinci）在
1508-1515 年間也畫過〈麗妲與天鵝〉（*Leda and the Swan*），
不過我們今天所見的已經都是複製品了。

達文西畫中的麗妲，畫面中的她擁抱著天鵝，同時蛋中
孵出了幾個孩子。

的妹妹（參見第 235 頁）還參與了對雅典城的圍攻。他們曾經
因為爭搶新娘和另外一對兄弟結下了宿怨，他們在這場宿怨引

起的爭鬥中被擊敗，卡斯托也在戰鬥中失去了性命。不過兄弟
情深，波呂杜克斯的舉動為後世的兄弟之情樹立了典範，他主
動要求將他不死的神性分一半給他的兄弟，所以這對兄弟每天
一半的時間在奧林帕斯山，另一半則在冥府。卡斯托與波呂杜
克斯這對孿生兄弟被羅馬奉為戰神，羅馬人將城市廣場一座主
要神廟獻給這對兄弟，以表達對他們的尊崇。

　　在每年的 5 月 21 日到 6 月 21 日間出生的人，會和狄奧斯庫
洛伊產生特殊的連結，因為這對兄弟如今已經成了雙子座的標
誌。

美儀三女神 ◇

　　正如我們之前所見（參見第 84 頁），美儀女神共有 3 位：
阿格萊亞（光輝）、歐佛洛緒涅（歡樂）和塔麗雅（激勵）。
她們是愛神阿芙羅黛蒂的侍女與隨從，不過在跳舞時，愛神也
會加入她們的行列。美儀女神為阿芙羅黛蒂編織罩袍；當阿芙
羅黛蒂在被赫費斯托斯羞辱（參見第 130 頁）之後逃到了帕福
斯島（Isle of Paphos）上，美儀三女神也隨她而至，在島上安
撫她的情緒，並一直細心照顧。美儀三女神的父母以及她們的
名字在各版本的資料中都略有不同，有時出現的女神並不是 3
位，不過無論何時她們都象徵著溫柔、愉悅的心情與歡樂。美
儀三女神天生就喜歡宴會，因而古代人在筵席或晚宴的開場都
會祈願她們的到來。

阿斯克勒庇俄斯 ◇

阿波羅的兒子，阿斯克勒庇俄斯，
滿懷喜悅地接受了這綹髮束的贈禮。
為了備受崇敬的神祇，凱撒的寵兒
情願用秀髮，來表示對神祇的敬意。

—————斯塔提烏斯（Statius），《希爾瓦》（*Silvae*）第 3 卷第 4 首

　　在最廣為接受的神話版本中，阿斯克勒庇俄斯是阿波羅與一個名叫科洛尼斯（參見第 115 頁）的凡人女性生下的孩子。科洛尼斯犯下的最大錯誤就是拋棄了被愛神所害的阿波羅，而她接下來又選擇與一個凡人相戀，無異於火上澆油。對於已經受了情傷的阿波羅來說，她寧願選擇凡人作為情人，簡直是對神的侮辱。阿波羅適時地擊殺了不忠的情人，此後才發現她已經懷上了自己的孩子，但為時已晚。

刻在一塊寶石上的阿斯克勒庇俄斯像。

阿斯克勒庇俄斯是在自己母親葬禮的火堆上被阿波羅強行救下的，後來他被交給溫和的半人馬紀戎（Chiron，參見下文）撫養長大。阿波羅是醫療之神，而阿斯克勒庇俄斯也跟隨父親選擇了醫者的職業。雅典娜幫助了他，贈予他奇蹟般的治療天賦──實際上，他甚至能夠起死回生。這點在天庭造成了巨大的騷動，因為冥府的亡者竟然能不經黑帝斯的准許直接離開，黑帝斯對此異常憎惡。最終冥府的主人向他的弟弟宙斯交涉，即使是宙斯也同意阿斯克勒庇俄斯顯然僭越了地位更高的黑帝斯的權威，於是他用雷霆將阿斯克勒庇俄斯打入塔爾塔羅斯。阿波羅雖然十分悲痛，卻也不敢直接與父親發生衝突，因此他轉而向打造雷霆的獨眼巨人尋求報復。然而這同樣激怒了宙斯，如果不是阿波羅的母親麗朵苦苦懇求，阿波羅還會遭到更嚴厲的懲罰。

不過古代人相信阿斯克勒庇俄斯偽裝成一條蛇，逃出了塔爾塔羅斯，然後他繼續在蛇的偽裝下教導人類醫術。這也是今天醫療專業用蛇杖當作標誌的原因。醫療專業（medical profession）一詞可能是從阿斯克勒庇俄斯的女兒梅狄翠娜（Meditrina）的名字所衍生而來，如果你遵循他的另一個女兒許革亞（Hygieia，譯注：hygiene 是個人衛生）的指示，能夠有效減少見到梅狄翠娜手下醫生的機會。同樣地，你也可以向阿斯克勒庇俄斯的第三個女兒帕納息婭（Panacea）祈願，她有著治癒一切的神力，也許你很快就能從病床康復重新露面。

羅馬人有著這樣的傳統：如果奴隸被認為病得太重、無法醫治，就會被送到臺伯（Tiber）這座聖島上的阿斯克勒庇俄斯

神廟（那裡迄今都還有一間醫院）。克勞狄烏斯皇帝（emperor Claudius）曾下令：如果被送到神廟中的奴隸能痊癒，就將獲得自由之身。

繆斯姐妹 ◇

繆斯姐妹都是宙斯和寧默心生下的女兒，作為阿波羅的隨從，她們協助著人類在各種藝術領域中的努力。繆斯姐妹的數量在傳說中有 1 名、3 名、9 名等不同說法，而儘管人們認為她們的居所在波奧蒂亞（Boeotia）的赫利孔山（Mt Helicon）上，但許多其他地方的山泉與水井也被傳說和她們有著密切的關係，當中最有名的應該算是德爾斐和帕爾那索斯山了，這裡也是她們的上司阿波羅消磨時間的去處。如果要獲得靈感，通常你要向適合的繆斯尋求幫助，在創作出成功的作品後也要向她們表示謝意。9 名繆斯中的每一位都對應著一個特定的藝術領域。

卡莉娥比（**Calliope**）：史詩

克利俄（**Clio**）：歷史

歐特耳珀（**Euterpe**）：音樂與抒情詩

特耳西科瑞（**Terpsichore**）：歌詞與舞蹈

艾拉托（**Erato**）：抒情詩，尤其是愛情與色情詩

墨爾波墨涅（**Melpomene**）：悲劇

塔利亞（Thalia）：喜劇

波呂許謨尼亞（Polyhymnia）：默劇與聖詩（合唱）

烏拉尼婭（Urania）：天文學

後世文化藝術作品：繆斯姐妹

在後世藝術作品當中對於繆斯姐妹形象最有趣的重現之一要屬理查・薩繆爾（Richard Samuel）1778 年創作的〈阿波羅神廟中 9 位繆斯的畫像〉（*Portraits in the Characters of the Muses in the Temple of Apollo*），他將 9 位同時代女性文學家畫成了 9 位繆斯的形象。

黑卡蒂 ◇

拿著火把的黑卡蒂女神，
是胸懷深沉的夜神的女兒。

—— **巴庫利德斯，殘篇 1B**

　　黑卡蒂曾經協助黛美特尋找波瑟芬妮（參見第 100 頁），並在夜間手持火把繼續搜尋波瑟芬妮的蹤影。當她們最後發現波瑟芬妮在黑帝斯的宮殿中，黑卡蒂覺得冥府很合她的品味，就留在冥府成為了陰間神。黑卡蒂的性格就是如此令人難以捉摸，即使是那些已經習慣了眾神偶爾會做出古怪舉動的信徒，

十字路口的三相黑卡蒂女神；這尊雕像是希臘原件
的複製品，製於羅馬時期。

也會認為黑卡蒂的確令人不安。黑卡蒂擔負著監督宗教儀式、
淨化與贖罪的職責，因此她經常被發現在凡人與陰暗力量之間
擔任調停的角色，後者例如無情地追逐作惡者的涅墨西斯和復
仇三女神。

黑卡蒂的聖地位於十字路口。十字路口是召喚惡魔或會見女
巫的地方（直到 19 世紀英國還會把殺人犯和自殺者葬在道路
交叉之處），因此黑卡蒂適合當惡魔的女主人以及女巫的保護
神。

儘管有些人會向黑卡蒂獻祭，例如死靈法師（necromancers）
以及想要施加咒語或詛咒的人，希望獲得黑卡蒂的幫助，不過
一般的希臘羅馬人向黑卡蒂獻祭，卻是希望她不要展示自己的
神力，或是祈求她所管轄的那些滿懷惡意的存有不要再去危害
人類的生活。

黑卡蒂一般在夜間出行時，都會由特洛伊王后赫秋芭
（Hecuba）陪伴，赫秋芭在特洛伊陷落之後曾用血腥的手段復
仇，殺死了一個殺掉她兒子的仇人，因此被黑卡蒂變成了一隻

黑狗（參見第 265 頁）。常出現在黑卡蒂身旁的還有一隻原本
是女巫的臭鼬。黑卡蒂本身有馬、狗與獅子三位一體的形態，
而當她出現在自己位於十字路口的聖地時，就會變幻出人類的
形態朝向第四個方向。

在古典世界有著這樣的傳統：滿月時在十字路口放上一些食
物（最好是蜂蜜）獻給黑卡蒂，而路過的窮人將會代表女神心
懷感激地吃掉這些食物。

厄莉絲 ◇

有厄莉絲這種女神，天性殘忍，挑起罪惡的戰爭和爭鬥；只是因為永
生天神的意願，人類不得已而崇拜這種粗糲的不和女神，實際上沒有
人真正喜歡她。

———海希奧德，《工作與時日》（*Works and Days*）第 11 行起

厄莉絲是夜神倪克斯殘忍冷酷的兒女之一。然而她太過擅長
並且熱中於自身那執掌紛爭與不和的角色，以至於許多人甚至
將她稱作阿瑞斯的姐妹。厄莉絲是執掌爭端的女神，無論這爭
端是小小的家庭爭吵，還是全面爆發的國際戰爭都一樣。厄莉
絲還有另一種屬性，她會喚起人與人之間的競爭與對抗之心，
這點倒是可以帶來良好的影響。根據海希奧德的說法，一個原
本怠惰又貧窮的人在看到鄰人肥沃的土地時，可能會受到厄莉
絲的激勵，回去重整自己早已荒蕪的土地。當然厄莉絲也可能

海克力斯的徒勞

伊索（Aesop）曾經講過一則寓言：在海克力斯經過一個山口時，他發現地上放著一顆蘋果。他出於無聊，隨意揮棒砸了一下蘋果，不過蘋果不僅沒有被砸爛，甚至好像比之前立得更穩了。海克力斯絕非知難而退之輩，所以他接下來用他當年殺死怪物的力道又向蘋果下了幾次重擊，甚至讓大地都開始震動了。然而蘋果不僅沒被砸爛，甚至在這樣的重擊下還長得越來越大。儘管海克力斯從不以腦子靈光而著稱，不過當蘋果長得已經大到能攔住他要走的路時，他也明白最好不要再繼續砸下去了。這時，雅典娜女神出現了，她一向偏愛這位肌肉健碩的半神，她向海克力斯解釋，這顆蘋果是厄莉絲幻化出來的。如果你將爭端的源頭放在那裡不管，它還會保持原來的大小，一旦你被它所鼓動，你砸得越起勁，它也會變得越大，成長的速度也會越來越快。

會蠱惑他，使他召集一小幫狐群狗黨，以公平分配之名去掠奪鄰人的田地。萬事萬物都不過是她引起紛爭的工具。

荷馬指出，厄莉絲利用一開始的一件小事，透過鼓動對立雙方的情緒，增添他們的痛苦，她甚至能長到「頭頂天穹」的程度。一般人都認為，她煽動不和的大師之作是因為沒有被邀請參加緹蒂絲的婚禮（參見第 246 頁）所做出的報復。海精靈緹蒂絲是許多神的友人與幫手，這些神全都欣然出席了她與凡人佩琉斯（Peleus）的婚禮。不過厄莉絲出於某種原因卻沒有受到邀請，這也不足為奇，畢竟沒有人想要爭端出現在婚禮上。

既然厄莉絲不能參加婚禮，她就將一顆刻著「給最美麗的人」
的金蘋果送到了婚禮現場，但這顆金蘋果上卻並沒有指明具體
的受贈者。阿芙羅黛蒂、赫拉和雅典娜都宣稱自己應該獲得這
顆蘋果，當這起事件的餘波終於消散時，成百上千的戰士已經
死在特洛伊的城牆下了。

牧神（法翁） ◇

神話世界中，除了人類之外，還有許多其他智慧物種。我們
已經見過精靈、海精及泰坦，他們都帶有某種程度的神性。然
而，有兩個物種卻與人類十分相近，甚至在某種程度上地位還

嬉戲的牧神，一個西元 5 世紀製造的紅色花瓶上的畫面。

比人類低──他們就是牧神和半人馬（centaurs）；儘管這兩個物種中也有些智識遠高於一般凡人的例外。

　　牧神作為酒神和精靈在林間的隨從，熱中美酒、女人與歌謠並不讓人意外。事實上，現代醫學術語的「色情狂」（satyriasis）用來形容男性過度及難以抑制的生理慾望，就是因牧神而得名的，用來形容具有同樣症狀的女性則是「慕男狂」（nymphomania）一詞。

　　古代人相信牧神易於屈服於性慾是一種道德缺陷。然而，牧神顯然比人類更能享受生活，即使是古代人也不得不承認牧神確實懂得如何為自己找樂子（除了去追求精靈之外）。

　　不過牧神也有很多種──儘管他們依照定義，無一例外都是男性。年輕的牧神被稱作牧神里斯科依（Satyriskoi），而那些年長而又長著馬尾的牧神會被稱作西倫（Seleni），酒神的隨從西勒諾斯就是西倫（參見第 140 頁）。不過這些牧神隨著神話世界的發展，很快也喪失了自己身上似馬的特徵，被同一種長著羊足，很像公羊的生物相混淆，這些生物叫做潘恩斯（Panes）。儘管有著墮落頹廢的生活方式，但他們的身體卻意外地十分健壯，不過他們很早就會禿頭，這也使得他們頭上那多節的角顯得格外突出。準確地說，法翁和牧神是兩種不同的物種，不過即使是古代人也很快不再去區分這兩種生物。（但法翁和英語中的幼鹿〔fawn〕毫無關聯，後者來自古英語。）

　　即使戴奧尼索斯陷入癲狂時，牧神也一直陪伴著他，所以他們也一併受到人類的尊敬，雅典節慶時的牧神劇（satyr plays）

一只酒杯內部的畫面——喜好酒色
的西勒諾斯宴飲正酣。

與現代的諷刺劇（satirical plays）並沒有任何關聯，「諷刺」
（satire）一詞有著不同的詞源。放蕩不羈的荷米斯也很喜歡
和牧神一起玩樂。

　　值得一提的牧神有擅長音律的馬西亞斯（參見第 113 頁）和
克羅透斯（Crotos），後者以鼓手而聞名，善於擊鼓使他成了
繆斯們的友人。古希臘的嗜酒者（Oenophiles）可能會向萊紐
斯（Leneus）舉杯致敬，萊紐斯是一位古代牧神，同時也是釀
酒者的保護神；然後透過一杯接一杯的暢飲向西勒諾斯致敬，
後者是醉酒人士的保護神。

忽冷忽熱

在一則古代寓言中，有位牧神正在冬日的林間遊蕩，他碰巧看見一個患了風寒的人。因為牧神對那個人的行為感到好奇，就向那人詢問緣由。那人回答說，自己的手都快凍僵了，不得已只得吹氣暖手。牧神為這個人的困窘感到同情，於是邀請他到自己的家中，還為他做了一碗湯來暖和身子。因為湯太燙了，這個人向湯表面吹氣想要讓湯涼下來。牧神一看到這人在吹氣就把他趕出了家門，說人不可能同時又會吹冷氣，又會吹熱氣。直至今天，我們還用「忽冷忽熱」（blowing hot and cold）來表示前後的態度不一。

半人馬 ◇

阿瑞斯的兒子伊克西翁是一個招搖撞騙的惡棍。他曾經殺死自己的岳父，不過之後得到了宙斯的寬恕，接下來他又想要追求自己的祖母赫拉。宙斯懷疑伊克西翁居心不良，就把一片雲變成了聶斐烈（Nephele），聶斐烈與赫拉外觀上幾乎一模一樣。伊克西翁果然性侵了聶斐烈，宙斯罰他永遠被綁在一個燃燒著的巨輪上，這個巨輪由名叫伊尹克斯（Iinx）的精靈化成，後世的法師經常使用伊尹克斯之輪作為施法道具，於是伊尹克斯成為現代「厄運」（jinx）的詞源。聶斐烈被伊克西翁強暴後，懷上了他的孩子，當她的羊水破了，在隨之發生的降雨中誕生了半人馬。

丘比特騎在半人馬身上，羅馬時代的
希臘雕像複製品。

　　半人馬身處文明世界的邊緣，儘管半人馬也很聰明，但因為
他們是從暴烈的肉慾中誕生的，他們很容易失去自制──和牧
神一樣，半人馬也極易受情慾驅使。不過和牧神不同的是，半
人馬本身的力量十分強大，發情的半人馬因而十分危險。

　　凱妮絲曾經被波賽頓從女人變成一名刀槍不入的男戰士（參
見第 93 頁），就是被半人馬用松樹樹幹砸死在大地上。人類
無法與半人馬發展友誼最主要的原因就是半人馬難以理喻的莽
撞天性。塞薩利國王皮瑞修斯（Pirithous）曾邀請半人馬來參
加他的婚禮，不過半人馬立即喝醉了，還試圖強暴新娘及所有
女賓客，婚禮現場很快就變成了群毆的戰場。奧維德記載了這
一血脈賁張、極度血腥的場面：

（半人馬歐律提翁）跟跟蹌蹌地向後退了幾步，倒在地上死去，

他失去力量的身子撞在鮮血淋漓的地面上，鮮血從他的口中與創口噴湧而出，

與腦漿還有鮮紅的美酒攪在了一起。

他的那些兄弟，也和他一樣有著粗莽的天性，

他們被兄弟的死激怒，決心用行動來為兄弟復仇，

打頭的幾個大喊起來：「拿起武器！拿起武器！」

醉醺醺的半人馬因為酒精的作用變得更加狂暴，

在血戰當中，原本被用來盛裝食物與酒水的杯子、瓦罐還有圓盆

都被雙方當作武器使用，碎片在空中飛舞，一道散布著死亡。

—————————奧維德，《變形記》第 12 卷第 220 行起

即使是一個聰明、文明的半人馬朋友可能也有危險。半人馬福羅斯（Pholus）曾在洞穴裡招待海克力斯，不過美酒的香氣還是使洞外的半人馬陷入了狂暴。海克力斯用他最熟悉的方式解決了問題——他殺掉了視線之內的所有半人馬。福羅斯也算死在了他的手下，福羅斯不小心讓海克力斯的毒箭傷到了自己的腳，為了獎賞他儘管出自好意但帶來了災難性後果的好客之心，他被升到了天界，成了半人馬星座；半人馬星座的阿爾法星（Alpha Centauri）是銀河系中離我們最近的恆星。

阿基里斯的老師紀戎是我們所知的另外一個「好」半人馬，因為他和其他半人馬有著不同的出身，他是克羅納斯和一名精靈之子。不過，紀戎也影響了阿基里斯的天性，使他變得更加殘暴，因為紀戎會向阿基里斯餵食自己捕獲的獵物溫血。紀戎對醫學很有興趣，醫用的植物矢車菊（centaury）也因他而得

萬神殿浮雕中半人馬與人類的
戰鬥。

名。但儘管如此，當他被沾有海卓拉（Hydra）劇毒的箭矢命
中時，也無法醫治自己，他陷入了無盡的痛苦（沒錯，這支毒
箭的主人又是海克力斯），所以他自願放棄永生，化作了天上
的星座。儘管紀戎的確和半人馬有關，不過因為他生前善於用
弓，所以他化作射手座（Sagittarius），因而射手座通常會被
描繪成一隻半人馬的形象。

6

英雄和
他們的冒險

我要說的是戰爭和一個人的故事。

———————————————維吉爾，《阿伊尼斯記》開篇

　　在荷馬生活的時代之前，如果你能夠買得起全套盔甲，最好還有一輛戰車，就可以被稱為英雄了。不過，自從海克力斯和柏修斯這樣的英雄進入古典神話世界後，英雄的定義就發生了改變，他們一般具有半神的身分，能夠跟神交談，在眾神的幫助之下，得以實現非凡的偉業（有一種容易上癮的鴉片叫做海洛因〔heroin〕，因為它讓人產生可以取得如此功就的幻覺）。英雄的偉業結尾通常是獵殺一頭怪物，隨著怪物的死亡，世界會變得更有秩序，人類的生活也更為安全。雖然古典神話中幾百篇短篇神話都與大大小小的英雄相關，不過這些神話大多是以下幾章將要提到的事件的分支情節。

基本的英雄任務 ◇

英雄的命運往往是前往某個遙遠的地方擊殺一隻凶狠的怪物，或帶回家鄉——或者兩件事都要做，就像柏修斯的故事（參見下文）。通往英雄目的地的道路往往困難重重，需要借助神的幫助，以及英雄與生俱來的機智才能涉險過關。英雄展開冒險之初往往會受到乖戾命運的捉弄，或是有位一直和他作對的女神（對於宙斯所生下的英雄後代而言，這位女神想當然耳就是赫拉）。儘管有時候神話的英雄可能下場淒慘，不過他們和任何其他時代的英雄一樣，總能拿到安慰獎——無論如何，英雄都能抱得美人歸。

基本上，英雄任務需要經歷以下幾個階段：

第 1 部

出身：平民就不要考慮了，神話中那些最偉大的英雄都出身高貴，有的甚至還是半神。像傑森這位阿爾戈英雄的領袖就具有皇家血統，但與宙斯之子海克力斯相比之下就顯得很寒酸了，海克力斯跟他在一起，簡直就像一個到貧民窟裡體驗生活的皇親貴族。

第 2 部

乖戾的命運：英雄往往生下來就有命中注定的苦難等著他。既然企圖避開命運是徒勞無功的，大多數英雄都致力於將苦痛與

其他罪有應得的受害者分享，而且越多越好。

第 3 部

身受驅役：我們的英雄總是會落入某位卑劣國王的掌控中，處心積慮為英雄增添新的磨難……

第 4 部

……自殺性任務。

第 5 部

幫助：我們的英雄在考慮如何完成任務時，一般就會得到英雄的工具，並獲得協助，甚至是出自於神的協助。

第 6 部

旅程：我們的英雄接下來就要面對自己的命運了，不過他們在到達終點之前，通常沿路都會留下一連串屍體。海克力斯的故事甚至更誇張，滿懷惡意的女神加上熱中於揮舞棍棒的英雄之間頻繁的衝突，使得屠殺特別激烈。

第 7 部

完成偉業：冒險的結局有時的確很激動人心，不過有些時候卻會有虎頭蛇尾的感覺。

第 8 部

英雄返鄉：與第 6 部一樣，過程中同樣會留下遍地屍體。

第 9 部

尾聲：我們的英雄終於還鄉，通常他們都會順路遇上自己的女伴。往往也是在這個時候，那位差遣英雄的卑劣國王淒慘地死掉了。

柏修斯：取回怪物的頭顱 ◇

秀髮濃密的達娜葉生下了著名的騎士柏修斯……
他帶著兩件寶物：有翼的涼鞋與黑鞘的寶劍。

——————————海希奧德，《海克力斯之盾》第 215 行

出身：柏修斯是達娜葉的兒子，屬於達那俄斯家族的一支（參見第 5I 頁），他是阿克瑞希斯（Acrisius）國王的外孫，也是

在雅典娜的幫助下，柏修斯斬獲梅杜莎的頭顱離去。

眾神之王宙斯的兒子。

乖戾的命運：柏修斯命中注定要殺死自己的外祖父，獲悉預言的阿克瑞希斯國王立刻想盡辦法，確保自己的女兒不會生下後代。不過宙斯化作一陣黃金雨進入了幽禁達娜葉的房間，使他的一切防範都化作了泡影。

身受驅役：柏修斯和母親一起被外祖父流放，後來他在試圖追求母親的波呂得克特斯國王（King Polydectes）的監護下長大。波呂得克特斯故意向柏修斯徵收一筆養馬的稅金，因為他知道柏修斯無力償付。

自殺性任務：波呂得克特斯要柏修斯殺死蛇髮女妖（Gorgon）之一的梅杜莎，還要帶著她的頭顱回來見自己，用來代替他原本需要償付的稅金。

蛇髮女妖梅杜莎

蛇髮女妖有三姐妹，她們都有天賦的驚人美貌，儘管三姐妹中只有梅杜莎是凡人（梅杜莎的字面意義為「女王」）。不幸的是，這三姐妹對自己的美貌極度自負，甚至誇耀勝過諸神。當然如果不是梅杜莎膽大妄為地在雅典娜的神廟和波賽頓發生關係，諸神可能並不在意這三姐妹的無禮。雅典娜立刻將蛇髮女妖三姐妹都變得面目醜陋，尤其是針對梅杜莎，把她光輝耀眼的長髮變成了嘶嘶作響的群蛇，雅典娜的詛咒使得梅杜莎變得極為恐怖，看見她的人都會瞬間化作石頭。

幫助：荷米斯借給柏修斯一把鋒利的寶劍及青銅盾牌（當然他也把那雙著名的有翼涼鞋借給柏修斯），而雅典娜告訴他如何找到梅杜莎，還有一些友善的精靈借給柏修斯一頂隱形帽。

旅程：雅典娜指引柏修斯來到一個洞穴，洞穴裡住著 3 名知道梅杜莎下落的女巫。這 3 個醜陋的女巫只有一隻眼睛和一顆牙齒共用。柏修斯做了件不甚光彩的事，在女巫們用手傳遞共有的那隻眼睛時，他搶走了女巫的眼睛，以此威脅她們說出梅杜莎的藏身之處。在出發之前，又將那隻眼睛丟進附近的湖水裡。

完成偉業：柏修斯戴上精靈送他的隱形帽，將青銅盾牌當作鏡子，這樣他就不會直接看到梅杜莎，而是透過盾牌的反射觀察

梅杜莎的行動。他一擊就將梅杜莎的身首分離，再穿上有翼涼鞋帶著梅杜莎的頭顱逃之夭夭，這一切發生得太快，另兩位蛇髮女妖姐妹還沒來得及意識到剛剛發生了什麼事。

英雄返鄉：柏修斯在埃及中途停留時碰巧撞見了被綁在岩石上等待被海怪享用的安卓美妲（Andromeda）——安卓美妲會落得如此處境，都是因為她的母親凱西奧佩婭（Cassiopeia）誇耀自己的女兒擁有「神」般的美貌。柏修斯殺死了海怪，娶了安卓美妲。但安卓美妲的前未婚夫帶著一群人試圖用武力搶親，卻被柏修斯用梅杜莎的頭顱都變成了石頭。

尾聲：波呂得克特斯也被梅杜莎的頭顱變成石頭，所以達娜葉就不再需要受這樁婚事所困了。在一場體育賽事中，柏修斯丟出的鐵餅不幸誤殺了自己的外祖父，正如神諭的預言。後來，柏修斯與安卓美妲一直過著幸福的生活，這在古代神話故事倒是十分罕見。

註腳：雅典的重裝步兵經常將蛇髮女妖的頭顱畫在盾牌上，可能是寄望於它能像最後放到不可穿透的雅典娜神盾上那個蛇髮女妖頭顱一樣，具有非凡的保護作用。

柏修斯的一個兒子柏爾賽斯（Perses）向東遷徙，成了後來的波斯人的祖先。柏修斯、安卓美妲及凱西奧佩婭死後都化作天空繁星。安卓美妲是一整個星系，叫做仙女系星座（Andromeda Galaxy），而柏修斯則只是一個叫做英仙座的星座；其中英仙

座的貝塔星（Beta Per）象徵蛇髮女妖的頭顱，所以最好不要
對它凝視太久。

簡化版本的柏修斯家譜

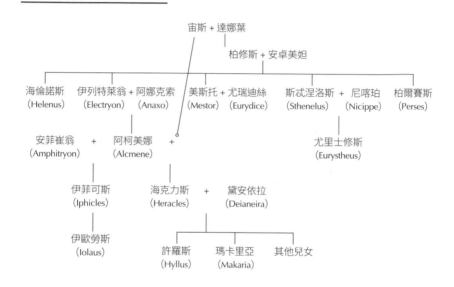

後世文化藝術作品：柏修斯和梅杜莎

就像提香的〈達娜葉與黃金雨〉所帶來的直接感官衝擊一
樣，柏修斯傳說的暴力與色情元素也使許多後來的藝術家難
以抗拒。在雕塑領域上，藝術家圍繞這個題材創造的傑作
有：切利尼（Benvenuto Cellini）1545-1554 年間完成的〈手持
梅杜莎頭顱的柏修斯〉（*Perseus With the Head of Medusa*），
卡諾瓦 1801 年首展的〈手持蛇髮女妖梅杜莎頭顱的柏修斯〉

（*Perseus with the Head of the Gorgon Medusa*），兩者的靈感
源頭可能都是義大利斯塔比伊（Stabiae）聖馬可別墅（Villa
San Marco）中的一幅羅馬時代壁畫。

在繪畫領域上，有卡拉瓦喬的〈梅杜莎〉（他非常熱愛這
個主題，以至於在 16 世紀末完成兩幅這樣的作品），以
及老布魯赫爾（Jan Brueghel the Elder）與魯本斯（Peter Paul
Ruben）1617-1618 年間合作完成的〈梅杜莎的頭顱〉（*The
Head of Medusa*）。

卡諾瓦的雕塑〈手持蛇髮女妖梅杜莎
頭顱的柏修斯〉。

後世文化藝術作品：柏修斯和安卓美妲

安卓美妲的故事讓藝術家能把施虐受虐狂以高雅文化的形式
表現出來，許多人都迫不及待地抓住這個機會，其中包括魯
本斯（Rubens）1638 年創作的〈安卓美妲〉，米格納爾德
（Pierre Mignard）1679 年創作的〈柏修斯與安卓美妲〉，夏
賽里奧（Theodore Chasseriau）1840 年創作的〈被海洋精靈綁
在石頭上的安卓美妲〉（*Andromeda Chained to the Rock by the*

Nereids），瓦薩里（Giorgio Vasari）1570-1572 年創作的〈柏
修斯與安卓美妲〉，杜雷（Gustave Doré）1869 年創作的〈安
卓美妲〉，以及波因特（Edward Poynter）1869 年創作的〈安
卓美妲〉（非常奇怪的是，神話傳說從未提過綁在石頭上的
安卓美妲是全裸的，不過古典時代之後的藝術家卻堅持畫裡
的安卓美妲必須要一絲不掛。非要找個理由的話，或許是怕
她的衣服會卡在海怪的牙縫裡）。

波因特畫中的安卓美妲被綁在
石頭上。

在雕塑領域上，有法蘭奇
（Daniel Chester French）1929 年
的〈安卓美妲〉（雕塑中的安
卓美妲也是裸體），以及普杰
（Pierre Puget）1678-1684 年間創
作的〈柏修斯與安卓美妲〉（雕
塑中的安卓美妲也近乎裸體）。
在戲劇領域上，安東‧齊默曼
（Anton Zimmermann）創作了
歌劇《安卓美妲與柏修斯》。

貝勒洛豐：呂西亞的空中騎士 ◇

狂暴的喀邁拉（Chimera）……亞馬遜族（Amazons）戰士……
呂西亞最英勇的人……
貝勒洛豐殺死了所有人。

—————————————荷馬，《伊利亞特》第 6 卷第 179-190 行

出身：貝勒洛豐（Bellerophon）的父親是科林斯國王葛勞科斯（Glaucus），他也是薛西弗斯（Sisyphus）的孫子。貝勒洛豐年輕時原本叫做希波諾俄斯（Hipponous），生得風流倜儻，因為殺死了一個叫做貝勒盧斯（Bellerus）的人而被流放到阿爾戈斯；他也因此而得名，「貝勒洛豐」的意思就是「殺死貝勒盧斯的人」。

貝勒洛豐的祖父

薛西弗斯不僅是詭計大師，也是地峽運動會的創始人（直到羅馬時代科林斯人還在舉行這項賽事）。他曾經向河神阿索波斯（Asopus）透露了阿索波斯的女兒被宙斯劫去哪裡。河神為了報答他，賜予飽受乾旱之苦的王國一汪珍貴的泉水，也就是皮里尼泉（Pirene）。但宙斯知道後，直接罰他關到塔爾塔羅斯，不過狡猾的薛西弗斯卻設法逃了出來。他在臨死前就想好一個聰明的詭計：他命令妻子在他死後不要埋葬屍體，也不辦葬禮。他的妻子遵照丈夫的指示。到了冥府，薛西弗斯成功說服黑帝斯讓他重返塵世，懲罰他那不尊重亡者的妻子。但一返回塵世後，他就不遵守返回冥府的諾言。他在這段第二次的生命漫長而幸福，還生下了葛勞科斯，也就是未來的科林斯國王以及貝勒洛豐的父親。當薛西弗斯第二次死亡後，黑帝斯終於有機會可以報復他了。他被處罰要推著一塊大石上山，而苦役永無止境，因為石頭在快到達山頂前就會自動滾回山下，而薛西弗斯不得不從頭再來過。在現代，任何徒勞或無窮無盡的工作都稱作「薛西弗斯式的勞動」。

乖戾的命運：無。

身受驅役：貝勒洛豐在阿爾戈斯時，贏得安提拉王后（Queen Antira）的芳心。但這並不是一樁美事，因為安提拉已經嫁給了當地的國王。當貝勒洛豐輕蔑地拒絕了王后的求愛時，她便誣陷貝勒洛豐企圖強暴她。

自殺性任務：他所接受的任務是在呂西亞（位於小亞細亞）境內完成幾項不同的偉業，不過其中最主要的任務是獵殺喀邁拉。喀邁拉是恐怖的堤豐（參見第 30 頁）所生下的孩子，有獅子的前半身、母羊的軀幹、蟒蛇尾巴，還會噴火——因此，現代醫學用來指稱被基因改造過的動物就叫做「嵌合體」（chimera）。

幫助：長著翅膀的駿馬佩格索斯（Pegasus）是梅杜莎和波賽頓那場私情的產物（參見第 178 頁），梅杜莎的血液中一直帶著波賽頓留下的精種，在她被殺時血液飛濺到大地，誕生了飛馬佩格索斯，因為波賽頓也是駿馬之神。佩格索斯一路飛到希臘，當他抵達帕爾那索斯山時，一股清泉從他落地時的蹄印湧出，這就是希波克里尼泉（Hippocrene），許多詩人的靈感之源。當貝勒洛豐向雅典娜尋求幫助時，雅典娜送給他一副魔力馬具，他用這套馬具馴服了佩格索斯，此外，還有佩格索斯的手足克里撒爾（Chrysaor），他的名氣比較小，是巨人格瑞昂（Geryon）的父親（參見第 213 頁）。

旅程：儘管阿爾戈斯國王寫了封信，要托貝勒洛豐轉交給呂西亞國王，信中要他在貝勒洛豐一抵達時就除掉他。幸運的是，直到貝勒洛豐去找喀邁拉前，呂西亞國王都沒打開這封致命的信件。

完成偉業：貝勒洛豐的武器是一支鉛製的長矛，他刺中喀邁拉的喉嚨，當喀邁拉噴火時，喉嚨上的長矛被火焰熔化，滾燙的鉛液最終使怪獸窒息而亡。

英雄返鄉：貝勒洛豐完成任務後留在呂西亞。這時呂西亞國王知道阿爾戈斯國王的計謀，要他殺死客人，於是又派貝勒洛豐和佩格索斯去對抗一連串敵人，不過每次他們都凱旋歸來。最終，呂西亞國王放棄了惡意，向貝勒洛豐吐露真情，還允許他娶了自己的女兒。

尾聲：平靜、富足的生活反而使貝勒洛豐變得焦躁不安，甚至傲慢自大。最終，他甚至試圖騎著佩格索斯一舉登上奧林帕斯山。宙斯派了一隻牛虻去叮咬佩格索斯，受驚的佩格索斯猛地躍起，讓貝勒洛豐跌下了馬背。他不僅斷了腿、毀容，還遠離家鄉，荷馬寫道：「他被眾神憎恨，獨自在那片原野上漂泊，吞食自己的心靈，躲避人間的道路。」（《伊利亞特》第6章第200行）貝勒洛豐死於流亡之中，而很妙的是，將拿破崙（Napoleon Bonaparte）流放到聖赫勒拿（St Helena）的艦船之中，有艘就叫「貝勒洛豐號」。

後世文化藝術作品：貝勒洛豐

幾千年來的藝術家一直樂於使用飛馬的形象：提耶波羅 1746-1747 年間曾經畫過〈騎著佩格索斯的貝勒洛豐〉（*Bellerophon on Pegasus*），魯本斯 1635 年也畫了〈騎著佩格索斯的貝勒洛豐與喀邁拉戰鬥〉（*Bellerophon Riding Pegasus Fights the Chimera*），除此之外，約翰·尼波默克·沙勒（Johann Nepomuk Schaller）1821 年創作了雕塑〈貝勒洛豐與喀邁拉戰鬥〉（*Bellerophon Fighting the Chimera*）。

註腳：飛馬佩格索斯並不是永生的，他死後化作天上的星座。他仍是古典神話最歷久彌新的符號之一，出現在現在許多產品的商標上。例如，我在寫這篇文章時用的是華碩（Asus）電腦，這家公司的名字正是佩格索斯（Pegasus）去掉頭三個字母。

傑森：尋找金羊毛 ◇

弗里克索斯吩咐我們
前往伊帖斯宮中召回他的靈魂，
同時帶回那隻公羊的皮毛，
那羊從海上救過他的命。

────────────────────品達，《頌歌》第 4 首第 285 行

出身：他是塞薩利王室旁系子孫。出於錯綜複雜的原因，他從小被半人馬紀戎撫養長大。

乖戾的命運：擁有乖戾命運的不是傑森，卻是佩里阿斯國王。他一直受到赫拉的懷恨，神諭曾經警告過他要當心「穿著一隻涼鞋的人」。

身受驅役：傑森所犯的錯誤就是不該只穿著一隻鞋子就去國王的宮殿（他先前過河時弄丟另一隻涼鞋），這位偏執的暴君對傑森的猜疑的確出之有因。

自殺性任務：佩里阿斯給傑森的任務是將金羊毛帶回塞薩利。金羊毛的起源與聶斐烈有關（參見第 166 頁），塞薩利第一任國王娶了聶斐烈，生下了兩個孩子：赫勒（Helle）和弗里克索斯（Phrixus）。這位國王奉行一夫多妻制，第二任妻子是卡德摩斯和哈摩妮雅的女兒（參見第 126 頁）。她十分嫉妒這兩個孩子，於是她將播種的穀子烘烤過，蓄意破壞王國的收成。當國王遣人前往德爾斐神廟請求神諭時，她又買通了信使，讓信使聲稱只要獻祭聶斐烈的孩子，王國的收成就能恢復正常。聶斐烈知道這個陰謀後，透過她能與神溝通的關係，得到了荷米斯的一隻神奇公羊。聶斐烈的兒女就騎著這隻公羊一路向東飛行，但赫勒卻在穿過歐亞邊界時從公羊身上摔下，墜海而亡，從此這片海域叫做赫勒斯滂（Hellespont）——也就是今日的達達尼爾海峽。弗里克索斯則成功抵達了黑海畔的科爾基斯

（Colchis），他在那裡將公羊獻祭給諸神，而剝下來的金羊毛則被他釘在樹上，由一條巨龍看守。

這隻公羊後來成為了牡羊座（Aries）。牡羊座一升起，農夫就知道應該播種了。如果在這之前播種，種子則會乾癟，這也正是金羊毛傳說為人們所知的原因，至少「偽」希吉努斯（Hyginus）在《天文的詩歌》（Astronomica）第 2 卷如此宣稱。

幫助：傑森召集了一群冒險者一起尋找金羊毛，包括音樂家奧菲斯、荷米斯的兩個兒子、佩里阿斯的兒子、狄奧斯庫洛伊兄弟以及偉大的英雄海克力斯（參見後文）。然後他在雅典娜的指示下造了一艘船「阿爾戈號」。這艘船的船首是用宙斯多多納神諭所的一棵神聖橡樹製作，這艘船本身具有意識，而且不吝於表達自己的意見。

旅程：

1. 他們在利姆諾斯島上停留了一段時間。島上的女人殺死島上所有男人，獨自生活。這些女人「敞開雙臂」歡迎了整船的英雄。傑森和她們的女王許普西皮勒（Hypsipyle）生下了幾個兒女。

2. 他們在赫勒斯滂逗留期間，基齊庫斯國王（King Cyzicus）襲擊了這群英雄。去攻擊一整船的英雄，這本身已經是不智之舉；如果這群英雄中包含了海克力斯，恐怕就是蠢上加蠢。他死後被基齊庫斯的居民埋葬，該城後來成為古代世界一個重要的城市。

3. 他們在旅程中遇到各式各樣的障礙，其中有會撞沉過往船舶的暗礁。阿爾戈英雄們從鳥身人面怪（Harpies）的魔爪拯救了一名叫做菲紐士（Phineas）的盲眼先知，他就為他們引路。後來，奧菲斯的音樂使得一行人能毫髮無傷地從駭人的賽蓮海妖（Sirens）的海域經過（參見第 190 頁專欄）。

完成偉業：羊毛被伊帖斯國王（King Aeëtes）嚴密看守，伊帖斯國王是帕希法娥（Pasiphae）的兄弟（參見第 210 頁）。他答應只要傑森完成一些耕種，就會盡快把金羊毛交給他。但用來拉犁的牛隻長著黃銅蹄，還會殺人；種子是龍的牙齒，一種下去就會長出嗜殺的武裝戰士。

然而，傑森吸引了伊帖斯的女兒的注意，她就是非常非常厲害的女巫美蒂亞（Medea）。她用藥控制了耕牛，建議傑森在戰士長出來時向他們丟石頭，讓他們自相殘殺。看守金羊毛的龍試圖吞下傑森，但美蒂亞讓龍放棄了這頓佳餚。

傑森從龍的口中出現，看起來狀況不佳。

鳥身人面怪與賽蓮海妖

為諸神傳遞訊息的美麗伊莉絲女神有兩個邪惡的姐妹（也有說是三位姐妹），她們被叫做「鳥身人面怪」——這個詞意謂著「搶奪者」——而她們也確實扮演著這樣的角色，搶奪受害者的食物來吃。即使有所殘留也無法食用了，因為她們散發出的臭味汙染了食物。她們的羽毛堅硬如盔甲，臉色因饑餓而蒼白。直到被阿爾戈英雄們驅逐之前，她們一直折磨著先知菲紐士。後來她們到一座島上躲起來，阿伊尼斯在前往義大利的途中就是在這座島上遇見了鳥身人面怪。

賽蓮海妖原本是一些沒能保護波瑟芬妮的少女，因而被變成像鳥一樣的生物。她們主要棲息在義大利南部的島嶼，用美妙的歌聲引誘經過的水手喪生。不過，如果賽蓮海妖誘惑水手失敗了，她們自己就會死去。所以，當賽蓮海妖與奧菲斯比輸了音樂，阿爾戈英雄們幾乎消滅了整個東部海域的賽蓮海妖。後來，奧德修斯也承受得了她們的魅惑，導致更多的賽蓮海妖死亡。自從 19 世紀的蒸汽船採用了賽蓮海妖同名的裝置，賽蓮海妖（即汽笛）之聲顯然變得更加刺耳了；「賽蓮海妖之歌」仍然指充滿誘惑但最好拒絕的邀約。

西元前 7 世紀希臘花瓶上的鳥身人面怪。

英雄返鄉：「阿爾戈號」帶著金羊毛返航時，伊帖斯國王立刻派人出海追擊，不過美蒂亞預先帶走了自己的小弟弟。她每隔一段時間就將不幸的弟弟切成碎塊丟進海裡，伊帖斯國王為了收集屍塊舉行葬禮，不得不放棄追擊阿爾戈號。但因為美蒂亞犯下了殘暴的罪行，所有阿爾戈英雄都需要接受女巫色琦（Circe）的淨化（參見第 286 頁）。

尾聲：美蒂亞說服佩里阿斯國王的女兒們，將自己的父親切成碎塊，再扔到大鍋裡煮沸，宣稱這樣就能使他重拾青春、獲得永生。當她們發現佩里阿斯國王並沒有從肉湯中復生時，傑森和美蒂亞就被流放了。

他們在科林斯居住了 10 年之後，傑森與美蒂亞離婚，以便迎娶科林斯公主格勞刻（Glauce），她是薛西弗斯（參見第 183 頁）的後代。美蒂亞送給傑森的新婚妻子一件璀璨奪目的婚紗，當新娘穿上後就燃燒起來（的確造成了「璀璨奪目」的效果）。火焰散發的高溫不僅殺死了新娘，也殺死了她的父親。傑森一怒之下，殺死他和美蒂亞所生的孩子，美蒂亞則乘著一輛由龍拉著的戰車逃到雅典。

傑森萬念俱灰，坐在他摯愛的「阿爾戈號」的影子裡，緬懷昔日的光輝。不過經歷了這麼長的時間，船身早已殘破不堪，朽壞的船首掉下來，剛好砸死了傑森。

美蒂亞的故事為古希臘劇作家尤里彼德斯的名作提供了素材。老普林尼（Pliny the Elder）聲稱位於伊特魯里亞（Etruria）的「阿爾戈斯的朱諾神廟」，建造者就是一個名叫傑森的人──

女巫之后美蒂亞在格勞刻身上著火後，準備離開。

如果他就是阿爾戈英雄傑森，這可能意謂著傑森的遠征曾繞道
而行，而並沒有被記錄下來。

後世文化藝術作品：傑森與美蒂亞

不出意料地，對於藝術家來說，美蒂亞是相當受歡迎的主
題，在後來的藝術作品中她甚至蓋過傑森。在繪畫領域
方面，有莫羅 1862 年創作的〈傑森和美蒂亞〉、桑迪斯
（Frederick Sandys）1866-1868 年間創作的〈美蒂亞〉、華
特豪斯 1907 年創作的〈傑森與美蒂亞〉、薩弗蘭（Bernard
Safran）1964 年創作的〈美蒂亞〉，以及德拉克洛瓦（Eugène

Delacroix）1862 年創作的〈美蒂亞〉。還有一部由夏邦提耶
（Marc-Antoine Charpentier）1693 年創作的歌劇也叫作《美蒂
亞》。

莫羅畫作中的傑森與美蒂亞。

賽姬和丘比特 ◇

　　女孩遇見男神、失去他，而又再得到他，這種今日耳熟能詳
的浪漫故事，在神話文本則是相對較晚的事情。古羅馬時代僅
有兩本小說留存至今，而其中一本，阿普列烏斯（Apuleius）
的《金驢記》（*Golden Ass*）就有這樣的情節。

出身：賽姬（Psyche）的身世並不清楚（賽姬的名字在希臘語是「靈魂」的意思），不過可以肯定的是她是一位國王的女兒，有著驚人（及為她帶來災厄）的美貌。

乖戾的命運：愛神（因為這是一則羅馬神話，所以這裡的愛神是維納斯）因為嫉妒賽姬的美貌，對她滿懷怒火。

身受驅役：維納斯派了丘比特去破壞賽姬的感情生活，但丘比特卻愛上這個女孩，當然她也接受了丘比特的愛。丘比特把她帶到一座宮殿，宮中一應俱全，只不過丘比特禁止賽姬看見他的正臉。當她違背了約定，看見自己的丈夫之後，丘比特就離開了她，讓她落入維納斯手中。

自殺性任務：維納斯向賽姬提出要求，如果她想奪回丘比特，就必須完成一系列越來越危險的任務，以證明自己的愛。

- 將一大籃混雜的穀物分類（一些同情她的螞蟻幫她完成這項任務）。
- 從生性凶猛的金羊身上取下羊毛（一位友善的河神幫她完成這項任務）。
- 從難以攀越的懸崖邊，還有許多毒蛇守衛的泉水，取水回來（一隻老鷹幫她取得泉水）。
- 前往冥府，帶著波瑟芬妮的禮物返回（賽姬勇敢地挑戰這項任務，不過最終還是失敗了，她陷入了永恆的睡眠之中）。

英雄返鄉：丘比特回到家中，他早已原諒了賽姬，將她喚醒。丘比特有很重要的籌碼，因為如果他罷工了，無論人類或動物都不再有任何慾望繁衍生息，他藉此要脅諸神召開會議，最終朱庇特（也就是宙斯，故事是發生在羅馬）宣布賽姬可以嫁給丘比特，在吃了神餚後也獲得了永生。

尾聲：這對情侶後來的確「永遠」幸福地生活在一起。丘比特和賽姬生下了伏路普塔斯（Voluptas），她是主掌感官歡愉的神祇。

後世文化藝術作品：賽姬和丘比特

因為法國人對愛情（l'amour）的狂熱迷戀，所以法國藝術家在描繪這一動人題材時拔得頭籌並不奇怪。布格羅（William-Adolphe Bouguereau）1889 年創作的〈兒時的丘比特與賽姬〉（L'Amour et Psyché, enfants），畫面展示了一對孩子樣貌的可愛情侶，這個形象經常在許多情人節賀卡中出現。皮科特（François-Édouard Picot）約 1840 年創作的〈丘比特與賽姬〉則有更生動的渲染。不過，對這則神話最勾人心魄的表現是用大理石雕塑完成的，卡諾瓦 1787 年完成的〈愛神喚醒賽姬〉（Psyché ranimée par le baiser de l'Amour）中表現了丘比特喚醒賽姬的瞬間，這幅作品現藏於羅浮宮博物館。

阿塔蘭達：女英雄的考驗 ◇

「或許你也曾聽過一名處女的名字，
有哪個捷足的男人能跑得比她還快？」

─── ──奧維德，《變形記》第 10 卷

出身： 阿塔蘭達（Atalanta）的父親原本想要一個男孩，當妻子生下女孩時他十分失望，就將女嬰丟在阿卡迪亞林地間任她自生自滅。然而，阿塔蘭達的故事可以視為羅穆路斯和雷默傳說的前傳，同樣也是一隻野生動物哺育了阿塔蘭達。哺育阿塔蘭達的是一頭母熊，直到幾個路過的獵人發現了她，接手了撫養她的工作。

這些獵人的確教導有方，因為阿塔蘭達不僅以善於奔跑聞名，還擅長摔角與射箭，以及驚人的美貌。她曾經在摔角比賽擊敗了阿基里斯的父親，輕而易舉地殺掉兩個試圖侵犯她的半人馬。阿塔蘭達曾經報名參加阿爾戈遠征，不過傑森拒絕了。這個決定很明智，畢竟阿塔蘭達英氣的美貌可能在這個充滿雄性激素的環境內引起不良的後果。

乖戾的命運： 當一名女性擁有令人難以抗拒的美貌，又立下了終身要保持童貞的誓言時，就總會有一些事情發生……

任務： 阿塔蘭達為自己設下了人生使命──不惜一切代價都要保有童貞。考慮到她卓越的能力和美貌，這可不是件容易之

事，因為全希臘的男人都想挑戰。而愛神的介入使事情變得更複雜了，阿芙羅黛蒂似乎把保守童貞的誓言當作對她個人的冒犯，尤其是出自美麗少女之口。

障礙：阿塔蘭達要面對的四處亂跑的「豬」，不僅是一大群「沙豬」，還有一隻巨大的野豬。這隻野豬是因為卡利敦國王忘了向阿特蜜斯獻祭，所以女神把野豬放在他的國土作為懲罰。卡利敦田野被這隻巨獸摧殘得一片狼藉，國王只好呼籲全希臘的英雄來參與這場盛大的野豬狩獵。幾個離得最近的阿爾戈英雄率先接下了挑戰，其中包括墨勒阿革洛斯（Meleager），他是一位風流倜儻的年輕王子。

這場野豬狩獵最終是由阿塔蘭達立了大功，她射出讓野豬受到致命傷的一箭。不過一些其他獵人並不願將獎賞（野豬皮）交給一個女人。墨勒阿革洛斯為阿塔蘭達發聲，認為理應由她得到野豬皮。這個問題很快就演變成激烈的衝突，導致墨勒阿革洛斯與親舅舅對立，兩個舅舅都被殺身亡，之後也間接導致墨勒阿革洛斯之死。

古代的遊記作家保薩尼亞斯（Pausanias）曾記錄希臘南部有一處泉水，據說泉水是從阿塔蘭達長矛刺中的石上湧出來的。

完成偉業：此後，阿塔蘭達對男性更加不抱幻想。不過，她與自己的父親和解了，而父親卻非常希望女兒結婚。阿塔蘭達答應了父親，但有一個條件：不是求婚者去追求她，而是她要用武器追捕他們。在這場賽跑中，贏家將娶回阿塔蘭達，得到她

墨勒阿革洛斯與命運三女神

墨勒阿革洛斯還是嬰兒躺在火邊取暖時，三位命運女神現身了，孩子的母親聽到她們正在討論他的未來。克羅托、拉切西斯這兩位命運女神為嬰兒準備了光輝的未來，但負責切斷生命之線的阿特洛波斯卻憂鬱地望著火中的一根木柴說道：「當木柴燒光時，他就會死去。」

命運三女神消失後，墨勒阿革洛斯的母親急忙將木柴從火中撥出來，滅掉上面的火焰，小心翼翼地將它鎖好。墨勒阿革洛斯長大後，就像兩位命運女神的預言一樣，享受著美好的人生。不過，後來他與親戚爆發了衝突，最終在戰鬥中殺死了兩個舅舅。墨勒阿革洛斯的母親被自己兄弟的死激怒了，掏出她保管多年的那根木柴，丟進火中燒掉了。然而，墨勒阿革洛斯的死同樣使她悲痛欲絕，她最終自縊而亡。墨勒阿革洛斯的其他親戚在後來的神話繼續扮演了重要的角色：他的姐妹黛安依拉嫁給了海克力斯，並意外殺死丈夫（參見第216頁），他的侄子戴歐米德斯則在後來的特洛伊戰爭（參見第255頁）以驍勇善戰聞名。

的貞操。不過，輸家一旦被捷足的女獵手追上，就會被殺死。阿塔蘭達非常具有吸引力，但她更擅長奔跑，很快地賽道旁就堆滿了屍身，失戀者的頭顱接連被切斷落在賽道上。

阿芙羅黛蒂決定該是直接干預的時候了。她選中了一個叫做希波墨涅斯（Hippomenes）的年輕人，送給他三顆令人難以抗拒的金蘋果。當他們一起開始賽跑，每當希波墨涅斯聽到阿塔蘭

達即將追上自己時，就向身後丟出一顆金蘋果，阿塔蘭達每次都會停下來撿起蘋果，再重新追趕。這不僅因為她無法抗拒蘋果的魔力，更因她覺得勝券在握。當然，有可能阿芙羅黛蒂押寶在希波墨涅斯身上，我們很快就發現，阿塔蘭達也被自己的獵物深深地吸引住了。

不管怎樣，阿塔蘭達最終輸掉了比賽，但獲得三顆來自天界的蘋果與一名相當不錯的伴侶。

尾聲：不過十分遺憾的是，希波墨涅斯決定將自己的勝利歸功於宙斯，這讓阿芙羅黛蒂大為惱火。於是，她使這對情侶陷入狂熱的情慾狀態，他們無法自制地在各個地方做愛，甚至還褻瀆了宙斯的神廟。

宙斯對於這樣的冒犯可不會坐視不管，他將這對新婚夫婦變成了一對獅子。儘管阿塔蘭達是無辜的受害者，但不確定她到底會不會反對這個安排，畢竟母獅是一種強大的獵手；從此她和伴侶一直在阿卡迪亞荒丘上漫遊。

後世文化藝術作品：阿塔蘭達

阿塔蘭達尤其受到巴洛克藝術家的喜愛，包括：雷尼在約
1612 年創作了華麗的〈阿塔蘭達與希波墨涅斯〉，勒布倫
（Charles Le Brun）約 1658 年畫了〈阿塔蘭達與墨勒阿革洛
斯〉，以及魯本斯在 1630 年代早期創作的〈墨勒阿革洛斯
和阿塔蘭達的狩獵〉（The Hunt of Meleager and Atalant）。皮
埃爾・勒博特爾（Pierre Lepautre）1703 年創作的雕像〈阿塔
蘭達〉是一尊古代雕像的複製品，在韓德爾 1738 年的歌劇
《薛西斯》（Serse），阿塔蘭達也曾客串出場。

雷尼畫中的阿塔蘭達彎腰去撿金蘋果。

7

古典神話的
黃金時代

　　神話中的英雄時代可能是在特洛伊戰爭中達到頂峰（參見第八章），不過最偉大的英雄和最成熟精彩的神話登場的年代更早一些，是在這場幾乎吞噬了一切的戰爭之前。希臘人和羅馬人都承認海克力斯（羅馬人稱之為赫丘利）是最偉大的英雄，不過他們也不會假裝沒看到海克力斯的嚴重缺陷，他是一個殺人成性的惡霸。在他身邊的安全性，就像把硝酸甘油放進搖酒器差不多。翟修斯也沒有好到哪裡去，不過幾乎所有這時代的神話都會提及這些人物，畢竟他們殺死了大量的怪物（還有人類和其他），因此世界也變得更加安全。

海克力斯：慣用棍棒的英雄 ◇

強大的海克力斯的傳說在天地間傳揚，
即使是天后朱諾的仇恨也不能損害一分一毫。

————————————奧維德，《變形記》第 9 卷第 140 行

出身：海克力斯是宙斯和阿柯美娜的兒子。容貌秀麗的阿柯美娜是柏修斯的後代，宙斯假扮成她的丈夫安菲崔翁出現在她面前。亂上加亂的是，此時安菲崔翁已經讓阿柯美娜懷孕了，因此海克力斯在誕生時還有一個攣生兄弟伊菲可斯。

現代醫學可能稱這種現象為「異父（單一生成的）同期複孕現象」。（女性同時懷有兩名男子的孩子，而在阿柯美娜的神話中，其中一方是天神。）

據說海克力斯是在底比斯誕生，因此後來許多底比斯的重裝步兵會把海克力斯的棍棒畫在盾牌上。

乖戾的命運：委婉一點地說，赫拉強烈而激情地憎惡著海克力斯。

身受驅役：赫拉使海克力斯陷入瘋狂，殺死了自己幾個孩子。他為了洗去自己的罪行，必須完成尤里士修斯國王給他的 12 項任務（也就是著名的海克力斯十二偉業）。尤里士修斯國王同樣是柏修斯的後裔，一直將海克力斯視為王位的競爭對手。原本約定的任務只有 10 項，不過狡詐的尤里士修斯有操控契約的扭曲天賦，他成功地將任務增加成 12 個，後來他也憑藉這項天賦發了大財。

幫助：雅典娜給予指導，而阿波羅送給他一把弓。

自殺性任務：十二偉業包括：

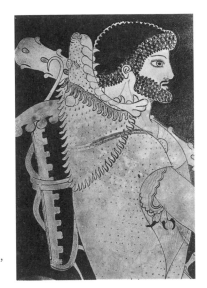

海克力斯穿著標誌性的獅子皮、手持棍棒，
這是約西元前 480 年希臘花瓶上的畫面。

1. 尼米亞雄獅

　　連阿波羅的弓箭都無法傷害的尼米亞雄獅（Nemean
Lion），顯然無法抵抗海克力斯偏好的「狠狠打頭必殺技」（儘
管獅頭很硬，還將海克力斯的棍棒折斷了）。

　　海克力斯用雄獅的爪子割下了牠近乎刀槍不入的皮毛，將獸
皮做成一副靈活的盔甲，從此他幾乎一直穿著這套獸皮盔甲。
在仲夏時節出生的人有必要記下這個故事，因為宙斯把這頭獅
子變成了天庭的星座，也就是黃道 12 宮的獅子座。

2. 海卓拉

　　海卓拉（Hydra）的父親是堤豐（參見第 30 頁），他是一條
長著 9 個頭的大蛇。每當怪物的頭被砍下來時，原來的位置就

會長出兩個新頭。因此，現代人用「海卓拉難題」來形容那些我們努力解決，但結果卻因而變得更糟的難題。除此之外，海卓拉的毒牙還有超自然的效力（下文我們將會談及，海克力斯最終還是死於這種毒液），赫拉還派了一隻大螃蟹攻擊海克力斯的雙足，來協助海卓拉。

　　海克力斯在他的侄子伊歐勞斯（Iolaus）的幫助下戰勝了這隻怪物。海克力斯每砍下怪物的一個頭，伊歐勞斯就燒灼海卓拉的傷口，使之無法長出新的頭。海卓拉最後一個頭是不朽的，所以海克力斯只好把它埋在通往伊利阿斯（Elaeus）的大塊巨石下，直到今天這顆頭可能還在地下活著。不過，因為海克力斯未經許可就接受了侄子的幫助，所以尤里士修斯判定海克力斯違反規則，這項任務也宣告無效。然而，海克力斯這次冒險並非徒勞，因為從此他的箭上就浸了海卓拉的毒液。

　　赫拉派去的螃蟹（crab），如字面意義也成為這場戰鬥的「註腳」：海克力斯用自己那隻強大的涼鞋直接將牠踩成了碎片，這隻可怕的甲殼怪物和獅子座一樣成了天上的星座，也就是黃道 12 宮的巨蟹座。而海卓拉也變成了天空中的星座（水蛇

海克力斯在與多頭的海卓拉戰鬥中，遙遙領先。

座）。

3. 刻律涅牝鹿

　　刻律涅牝鹿（Ceryneian Hind）原本是普勒阿得斯七姐妹（參見第 121 頁）中的泰姬特（Taygete），她的朋友阿特蜜斯為了讓她躲避色慾過於旺盛的宙斯的注意，把她變成了一隻長有金角的牝鹿。海克力斯用一張網活捉了她。阿波羅和阿特蜜斯出面讓他放走了這隻獵物。雖然海克力斯僅短暫捕獲了這隻牝鹿，不過還是完成了第三項試煉。

4. 厄律曼托斯山野豬

　　尤里士修斯決定繼續讓海克力斯悖離他原本愛好自然的天性，再去活捉另一隻動物回來──這次他索要的獵物是厄律曼托斯山野豬（Erymanthian Boar），牠正在蹂躪阿卡迪亞的土地。

刻在羅馬石棺上的野豬狩獵。

藉由紀戎提出的實用建議，海克力斯將野豬誘導進一個極深的雪堆，成功捕獲了這隻獵物。

插曲：當尤里士修斯需要花時間研究進一步致命的任務時，他讓海克力斯放假，在這期間，海克力斯參加了著名的阿爾戈遠征，還殺掉了大量邪惡的動物，包括啄食普羅米修斯肝臟的老鷹（同時他也救出普羅米修斯，儘管有些記載宣稱整個事件是後來才發生的）。

5. 奧吉斯牛圈

尤里士修斯企圖派海克力斯去完成一項不僅無法實現、而且卑下的任務來侮辱他——讓他去清理奧吉斯牛圈（Augean stables）。這牛圈屬於伯羅奔尼撒半島上的伊利斯國王奧吉斯（Augeas），他在這裡圈養了龐大的牛群，經年累月疏於照顧管理，使牛圈陷入了混亂與惡臭之中，牛糞幾乎掩沒了一半的牛圈。奧吉斯欣然接受海克力斯將為自己打掃牛圈的提議（直到今日，承擔難以完成、複雜而又髒亂的工作都被稱為「清理奧吉斯牛圈」）。他提出，如果一天就能將牛圈打掃乾淨，願意給海克力斯十分之一的牛群當作報酬。

海克力斯直接將附近一條河流引來沖刷牛圈，替他完成了工作。奧吉斯卻拒絕支付報酬，而更糟的是，尤里士修斯以海克力斯曾接受奧吉斯提出支付報酬的許諾為由，裁定這項任務無效。

6. 斯廷法羅斯湖怪鳥

斯廷法羅斯湖怪鳥（Stymphalian birds）是遍體惡臭的生物，用自己的排泄物破壞阿卡迪亞的農作物。牠們長著青銅羽毛，上面沾滿了毒液，會用羽毛攻擊任何膽敢進入林間想要殺死牠們的人。

雅典娜和赫費斯托斯聯手（正如他們經常做的那樣）幫助了海克力斯。赫費斯托斯為他打造了一個巨大的銅鈸，而雅典娜則指點他去附近山上用力擊打它。當怪鳥受到驚嚇四散而飛時，海克力斯就用弓箭獵殺這群怪鳥，即使是青銅羽毛也逃不過阿波羅賜予的神箭佐以海卓拉的毒液。

7. 克里特島公牛

米諾斯國王（參見第 58 頁）曾被諸神寵愛。眾神允諾他的一切祈願，以示對他的寵溺。當米諾斯國王在海邊獻祭時，他

海克力斯射下斯廷法羅斯湖怪鳥。

請求波賽頓賜予他一份合適的受害者。海面上立刻就出現了一頭公牛。米諾斯王為公牛的雄健美麗陶醉不已，不惜冒著觸怒波賽頓的風險，用另外一頭牛代替牠作為獻祭品。波賽頓和阿芙羅黛蒂一起報復了米諾斯國王，因為米諾斯的妻子帕希法娥在向愛神獻祭上也不甚積極。

阿芙羅黛蒂讓帕希法娥對這頭公牛產生了畸形的情慾，在宮中常駐發明家戴達洛斯（Daedalus）的幫助下，為她造出一隻精緻的木製小母牛，供帕希法娥藏身其中，最終找到了解除情慾之苦的辦法。遺憾的是，帕希法娥因此懷孕了，她生下的孩子是一頭脾氣暴躁的牛頭怪物。米諾斯很快就做了適當的對策，將戴達洛斯拘禁，將公牛放養，但這頭公牛很快成為克里特島的禍害。帕希法娥生下的這個孩子不久之後將以「米諾陶洛斯」的名字而聞名。

海克力斯為了完成第七項任務，需要找到這頭公牛，並將牠帶到尤里士修斯面前。他成功地完成了任務，並將傷害和混亂控制到最小。

馴服克里特島公牛。

8. 戴歐米德斯的馬群

尤里士修斯下一項任務，是派海克力斯前去色雷斯獲取一些馬匹。色雷斯是一個遙遠、荒蠻而又未開化的國度，而這些馬匹的主人戴歐米德斯國王（King Diomedes）即使是以色雷斯的標準來看也算是個野蠻人，而且他手下還有一支與他同樣凶殘的軍隊，順道一提，就連他養的馬也都會吃人。

從積極面看，尤里士修斯允許海克力斯招募一些志願者幫助他完成這項任務。海克力斯率領部隊擊敗了戴歐米德斯的大軍，並且驚喜地發現，一旦這些公馬享用完前任主人的屍體，就變得出奇溫馴了。

9. 亞馬遜女王的腰帶

尤里士修斯接下來派海克力斯去奪取亞馬遜女王希波麗塔（Hippolyta）的腰帶當作禮物送給自己的女兒。海克力斯前去

海克力斯戰勝會吃人的公馬。

海克力斯拯救阿瑟緹絲的故事

佩里阿斯（見第 187 頁）有一個名叫阿瑟緹絲（Alcestis）的女兒，嫁給了阿德梅托斯國王（King Admetus），他不幸捲入與阿波羅、獅子、熊、戰車，以及滿床毒蛇的神祕意外後，生命垂危（正是滿床毒蛇差點要了他的命）。阿波羅灌醉了命運三女神，費盡全力誘使命運女神承諾，只要有人願意代替阿德梅托斯前往冥府，他就不必死去。阿德梅托斯很快就發現他那些所謂真心的朋友，都沒有人要代他赴死，只有他忠貞的妻子阿瑟緹絲願意。幸運的是，海克力斯準備去圍捕戴歐米德斯的公馬，碰巧經過這裡，接受了阿德梅托斯的款待。為了答謝主人的盛情，海克力斯守在為阿瑟緹絲準備的墳墓旁，當她即將嚥氣，死神塔納托斯（Thanatos）前來帶走阿瑟緹絲時，他用自己招牌的重擊打了死神一頓。你可以透過雅典劇作家尤里彼德斯於西元前 438 年撰寫的戲劇《阿瑟緹絲》瞭解整個故事，這齣劇碼在古代社會經常上演（在接下來的幾千年也是如此）。

尋找希波麗塔的途中照例留下一堆屍體，包括在帕羅斯島（Isle of Paros）上殺死了幾個米諾斯王的兒子。這次，他身邊帶著一群值得信賴的夥伴（其中就有翟修斯，參見後文）。不過海克力斯一抵達，就發現自己全身是汗的男性魅力足以誘惑希波麗塔主動脫下自己的腰帶。但赫拉告訴亞馬遜女戰士，海克力斯綁架了她們的女王；海克力斯面對迫在眉睫的危機，（為了安全起見）直接殺掉希波麗塔，然後帶著腰帶逃之夭夭。

亞馬遜人

亞馬遜人是一群女戰士組成的種族。她們名字來源於依奧尼亞希臘人所說的「a-mazos」，即「缺少乳房」，因為據說亞馬遜人為了提升武器的持握度，有切除右胸的習俗。亞馬遜如今成了地球上最大河流系統的名稱，這要歸功於 1541 年某個被一群全副武裝的部落女戰士包圍的探險家。儘管如今也有人使用這個名稱來形容戰鬥力很強的女性，不過一般來說，「亞馬遜」現在是指世界最大的線上圖書零售商。

10. 格瑞昂的牛群

略過許多次要的神話不談，海克力斯在接下來的旅程最終到達了世界的最西端，殺死了巨人格瑞昂、他的牧人及狗，然後偷走了他的牛群。海克力斯在這次外出旅行穿越了利比亞和伊比利半島，而返程中又在義大利和黑海沿岸留下無數屍體。在黑海附近，一個下半身是蛇的女人偷了他的一些牛，不過海克力斯還是與她發生關係，因此他也成了斯基泰人（Scythian）的祖先。

海克力斯從北非前往歐洲時，注意到前方海峽被一座巨大而不穩的山脈所阻擋，於是他就將山脈一分為二，打通道路，在海峽兩邊各放上一半。在古代，這兩座山峰稱為「海克力斯之柱」——其中位於歐洲的「柱子」就是今天的直布羅陀（Gibraltar）。

11. 赫斯珀里得斯姐妹的金蘋果

這些金蘋果是當初蓋亞送給赫拉的結婚禮物（參見第 88 頁），很少有人知道它們的下落。海克力斯從次級海神涅羅士那裡得知了資訊（當然，他是用暴力逼迫）。海克力斯按照普羅米修斯的建議（根據有些說法，直到這時，海克力斯才殺死老鷹救出普羅米修斯），去見了另一位泰坦阿特拉斯。這些金蘋果被一條百頭大蛇以及阿特拉斯的女兒赫斯珀里得斯姐妹（Hesperides）看守。阿特拉斯為了換取海克力斯替他支撐天幕（透過雅典娜的幫忙），他說服了自己的女兒們將蘋果交出來（後來阿特拉斯又被海克力斯騙回去繼續托舉天幕）。讓整場冒險徒勞無功的是，因為這些蘋果太過神聖，尤里士修斯是凡人無法持有它們，所以雅典娜又將金蘋果重新放回去。

據說海力克斯在這項任務間在羅得島偷走了一頭牛向神獻祭，又把牛吃下肚，牛的主人就在一旁罵他。從此以後，羅得島舉行向海力克斯的獻祭就伴隨著類似的罵聲。

12. 捕獲賽柏拉斯

這次海克力斯不得不陪冥府的看門犬，那隻強大的三頭犬賽柏拉斯（參見第 58 頁）玩「丟骨頭」的遊戲。荷米斯為海克力斯指出了前往冥府的道路，他作為亡者的引路人，顯然熟門熟路。而雅典娜則陪伴海克力斯這趟不平靜的冥府之旅，過程中海克力斯甚至打傷了卡戎和黑帝斯（有人宣稱，海克力斯因

為戰勝黑帝斯,而獲得永生的資格)。海克力斯在冥府發現自己的朋友翟修斯也被囚禁於此,立刻就把他放了。

最後波瑟芬妮答應海克力斯,只要他能赤手空拳抓到賽柏拉斯,就允許他借走這隻狗,而且歸還時必須毫髮無傷。所以,海克力斯就直接去找冥府這位令人生畏的守門人了,不知道發生什麼事的賽柏拉斯,被海克力斯一把提起來扛在肩上,直接來到凡間。海克力斯回去見尤里士修斯的路上,比過去留下更多屍體,因為賽柏拉斯是十分致命的怪獸(比如,賽柏拉斯的口水流到地上就長出了有毒的烏頭,而他也的確流了非常多口水)。最後,海克力斯將賽柏拉斯歸還冥府,完成了自己的試煉,不得不說這令所有人都鬆了一口氣。

尾聲:海克力斯從尤里士修斯的奴役中解脫後,很快又惹上新麻煩。他殺死了一名年輕人,這可能是因為他又陷入瘋狂(當然,也可能是因這次殺戮才瘋了)。他跑到德爾斐神廟尋求滌

在一群次級神的注視下,海克力斯牽著三頭犬賽柏拉斯去散步。

罪，當祭司不願意幫助他時，他甚至威脅要毀掉整座神廟。最終，阿波羅親自現身阻止他，一場惡戰隨之發生，直到宙斯使用了雷霆才將兩個爭鬥不休的兒子分開。

海克力斯又成了奴隸，這次是在呂底亞的翁法勒女王（Queen Omphale）底下。她要海克力斯掃蕩擾亂王國的賤民，然後強迫他穿上女裝，女王則換上海克力斯的獅皮，揮舞著他的棍棒。顯然海克力斯對於這樣的待遇並沒有怨言，根據一些說法，他和翁法勒是一對戀人。

海克力斯重獲自由之後，接下來幾年，都在報復他進行十二偉業時阻礙自己的人。環繞整個地中海地區，留下血腥的路線，他立普瑞阿摩斯（Priam）為特洛伊國王，參加諸神與巨人的戰爭，以及建立了奧林匹克運動會（Olympic games）。

海力克斯還娶了一個叫做黛安依拉的女人，這是履行他在冥府探險時遇到的朋友所作的承諾，事後看來，正是這個女子讓他喪了命。

海克力斯在各種冒險逃跑中，幾乎讓半人馬滅絕了，其中一個叫做涅索斯（Nessus）的倖存者顯然為此心懷憤恨，因為他的部族在海克力斯抓捕厄律曼托斯山野豬時被順路消滅了。涅索斯計畫綁架黛安依拉，但海克力斯只用一支浸了海卓拉毒液的利箭就要了他的命。涅索斯垂死時，用最後一口氣告訴黛安依拉，只要用一小瓶他的血就能讓海克力斯一輩子都忠於她。

幾年之後，黛安依拉覺得被一個年輕的情敵威脅，她就把這瓶血倒在海克力斯的上衣。當然這瓶血除了涅索斯的血之外，還有海卓拉的致命毒液。海克力斯一穿上這件外衣就發覺不對

黛安依拉遞給海克力斯那件致命的上衣。

勁，立刻脫下來（還夾帶下大片腐爛的血肉），不過為時已晚。英雄冷靜地搭起了葬禮的火堆，走向了死亡。宙斯取走了這個惹是生非的兒子的亡靈，把他帶到了奧林帕斯山，加入了諸神的行列。最終，他和他的繼母赫拉達成和解，並娶了青春女神赫蓓為妻。

　　海克力斯為自己搭起葬禮火堆的地方叫作「溫泉關」（Thermopylae），據稱是他後人的李奧尼達斯（Leonidas）後來帶著三百勇士在此英勇對抗波斯大軍。

海克力斯的傷亡名單 ◇

　　以下名單大致上是按照時間先後順序排列，簡短地記下海克力斯在冒險途中殺死的生物。

兩條蛇：赫拉在海克力斯還是嬰兒時曾派出兩條蛇，想要把海克力斯扼殺在搖籃中。不過，海克力斯卻以為牠們是玩具，玩弄中勒死了。

林納斯（Linus）：他是海克力斯的音樂教師，因為責罵學生，被海克力斯用七弦琴擊中頭部身亡。

西塞隆雄獅（Lion of Cithaeron）：泰斯庇斯（Thespis）的國王因為海克力斯殺掉這隻怪物，讓他與自己的女兒們度過一夜春宵。也有人稱之為海克力斯的「第一偉業」：在一個晚上，海克力斯便讓國王的 50 個女兒都懷了自己的孩子。

泰西馬科斯（Thersimachus）、克里翁提達斯（Creontidas）、得科翁（Deicoon）：海克力斯在精神錯亂中殺死自己的孩子們。

伊菲可斯的孩子：也是被海克力斯在精神錯亂中殺死的，伊菲可斯是海克力斯同母異父的兄弟（參見第 204 頁）。

半人馬福羅斯、半人馬紀戎、半人馬涅索斯、涅索斯部族的所有半人馬、半人馬歐律提翁（Eurytion）——事實上，神話中沒有任何一個半人馬在見到海克力斯之後還能活下來。

六臂巨人族（The Gegeneis Giants）：生活在小亞細亞地區的一個巨人種族，在海克力斯隨阿爾戈號冒險時將他們滅絕了。

卡萊斯（Calais）和澤特斯（Zetes）：阿爾戈號的兩名船員。

奧吉斯：那個著名牛圈的擁有者。他對海克力斯出爾反爾之後，還繼續活了幾年，很不幸的是，海克力斯是個非常記仇的人。

特洛伊國王拉奧梅東（Laomedon）：海克力斯為他殺死一個怪物，那個怪物曾直接一口吞下海克力斯，他不得不將它開膛破肚才逃出來。所以當拉奧梅東拒絕支付說好的報酬時，海克力斯想必不會高興到哪裡去。

色雷斯的薩爾珀冬（Sarpedon）：波賽頓的一個兒子，因為對海克力斯出言不遜而被殺。

西西里島的厄里克斯王（King Eryx）：阿芙羅黛蒂的一個兒子，在摔角比賽中被海克力斯所殺。

阿爾庫俄紐斯（Alcyoneus）：一個巨人，他向海克力斯用力投擲一塊石頭，結果被反彈回來的石頭砸死。

埃及國王布西里斯（Busiris）：他試圖將海克力斯獻祭給自己信仰的神祇。

安泰幽斯（Antaeus）：蓋亞的兒子，每次觸碰到大地都能重新獲得力量，海克力斯與他摔角，把他舉到空中活活扼死。

伊瑪昔昂（Emathion）：伊奧絲和提托諾斯（參見第 56 頁）生下的兒子，在試圖阻止海克力斯搶走金蘋果時被殺。

伊菲托斯（Iphitus）：另一位在海克力斯發狂時被殺的年輕王子。

科斯國王歐律皮魯斯（Eurypylus）：他和他的手下曾經在海克力斯旅行時試圖襲擊他。

皮洛斯（Pylos）的涅魯士國王（King Neleus）：因為拒絕為海克力斯先前的殺戮滌罪而被殺。

尤茂斯（Eunomus）：侍童，因為在宴席上將酒灑到了海克力斯身上而被殺。

庫克諾斯：阿瑞斯一個瘋狂的兒子，他試圖用骷髏來為自己的父親建一座神廟。海克力斯用武力挫敗了庫克諾斯想把他的頭顱也收入囊中的企圖（參見第 127 頁）。

歐律圖斯（Eurytus）：拒絕讓女兒被海克力斯納為小妾的國王。

利哈斯（Lichas）：他在不知情的情況下將那件有毒的上衣轉交給海克力斯。

後世文化藝術作品：海克力斯（赫丘利）

海克力斯的形象為古代和現代的藝術家都提供了靈感。卡拉奇在約 1596 年繪有〈海克力斯的抉擇〉（*The Choice of Hercules*），畫面中年輕的英雄正猶豫要選擇艱難的英雄命運或安逸的享樂生活。蘇巴朗（Francisco de Zurbaran）約 1636 年更戲劇化地展現神話的畫作〈海克力斯與賽柏拉斯〉，魯本斯約 1611 年創作的〈醉酒的海克力斯〉（*The Drunken Hercules*）展現了海克力斯不那麼具有德行的一面。勒莫安（François Lemoyne）1724 年的〈海克力斯與翁法勒〉展現了奢靡頹廢的英雄完全享受自己的奴役生活。雕塑家邦迪奈利 1524-1534 年間創作了〈海克力斯與卡庫斯〉。在古代雅典，尤里彼德斯的戲劇《海克力斯》曾經上演了幾個世紀之久；韓德爾的歌劇《海克力斯》1745 年在倫敦國王劇院首演；到了 1997 年，迪士尼公司還推出了動畫電影《海克力斯》（這部電影有些神話細節還是正確的，雖然可能是出於巧合）。海克力斯的 12 偉業也滋養了許多傑出的藝術作品。魯本斯約 1639 年曾創作了令人難忘的〈海克力斯扼死尼米亞雄獅〉（*Hercules Strangling the Nemean Lion*），而海卓拉的形象則征服了莫羅，他在約 1876 年創作了〈海克力斯與勒耳那的海卓拉〉（*Hercules and the Lernaean Hydra*），波拉約洛（Antonio Pollaiuolo）1470 年也以同一題材創作了〈海克力斯與海卓拉〉，莫羅還在 1865 年創作〈戴歐米德斯被自己的馬群吞食〉（*Diomedes Devoured by his Horses*）。16 世紀的法蘭德斯畫家佛洛里斯曾經創作過一系列以十二偉業為主題的畫作，不過這些畫作都已散佚。希波麗塔曾在莎士

比亞的《仲夏夜之夢》（*A Midsummer Night's Dream*）中出現，
而考夫曼（Angelica Kauffmann）曾在 1790 年畫了〈阿瑟緹絲
之死〉（*Death of Alcestis*）。

伊底帕斯：複雜的故事 ◇

無論是讓我的父親突遭橫死，
還是與我的母親同床共寢，
都並非出自我的本願。
誰能想到孕育新生的子宮會被
我父親的妻子的新夫所玷汙，也就是
那犯下了亂倫重罪的怪物般的兒子？
難道還會有人經受比我伊底帕斯所經受的
更乖戾、而又充滿苦難的一生嗎？

————————————索福克里斯，《伊底帕斯王》第 1 部第 1665 行起

　　沒有哪位英雄能逃脫自己預先被設定好的命運，但也幾乎沒
有人能苛責伊底帕斯試圖逃避命運的努力，因為他命中注定要
殺死父親，再迎娶自己的母親。

出身：伊底帕斯是底比斯國王賴瑤斯（Laius）和王后依奧卡
絲達（Jocasta）生下的兒子。當德爾斐的神諭告訴賴瑤斯，他
將被自己的兒子殺死後，他就將新生兒的雙腳綁起來，還用木
樁刺穿了嬰兒的雙腳。嬰兒備受折磨的雙腳因而腫脹（「伊底
帕斯」的字面意思就是「腫脹的腳」）。賴瑤斯對這些預防措

施還不夠滿意，他喚來了一個牧羊人，命令他殺死這個孩子。不過牧羊人沒有照辦，他將嬰兒交給另一個牧羊人，後者曾聽說科林斯國王正要替不孕的妻子梅洛珀（Merope）收養一個嬰兒。過了很多年後，已經長成了青年的伊底帕斯前往德爾斐尋求神諭，神諭重複了他將弒父娶母的預言。

乖戾的命運：伊底帕斯決意逃避自己的命運，於是他決定遠離自以為的出生地科林斯城，逃往底比斯。

在路上他與一個駕著馬車的男人發生了爭吵，這個原本應該讓路的男人不僅傲慢自大，甚至還粗魯地將伊底帕斯推到一邊，駕車輾過了他的腳，伊底帕斯一怒之下用標槍刺死了這個駕車的男人。伊底帕斯一到底比斯城就發現全城陷入了混亂之中。

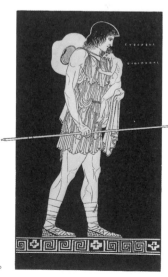

帶著嬰兒伊底帕斯的牧羊人。

一個長著女人臉孔與獅子身軀的怪物，也就是斯芬克斯，正在城外屠殺著過往的旅客。而底比斯國王賴瑤斯在前往德爾斐請求神諭的途中，卻被不知名的路人殺害了。

完成偉業：伊底帕斯決意殺死斯芬克斯，為他先前在路上的莽撞行為做出補償。他知道斯芬克斯會問每個旅客一個謎語，如果他們答錯就會被吃掉。不過如果有人猜出了正確的答案，斯芬克斯也會自殺，所以猜謎遊戲的雙方都冒著死亡的風險。斯芬克斯提出的謎語是：「什麼東西早上用四條腿走路，白天用兩條腿，而晚上則用三條腿？」可能是變形的雙足使得伊底帕斯對這個問題分外敏感，因此他回答謎底是人，嬰兒用四肢爬行，長大後用兩條腿行走，老年時還需要加上一根拐杖支撐。斯芬克斯輸掉比賽後就跳崖自盡了。伊底帕斯在歡呼中回到底

西元前 5 世紀酒杯上的伊底帕斯和斯芬克斯。

比斯，欣喜的民眾提議這位年輕的王子應該娶新寡的王后依奧卡絲達為妻，並繼承底比斯的王位。

尾聲： 最初幾年一切都很順利。伊底帕斯和依奧卡絲達生下了幾個孩子，其中一個女兒叫做安緹岡妮（Antigone），她的故事後來成了幾則神話的基礎，還被雅典的索福克里斯改編成戲劇。接下來，一名科林斯的信使宣告了他們國王的死訊，請伊底帕斯回來統治。伊底帕斯向信使解釋，他有娶自己的母親梅洛珀為妻的風險，但信使的回答讓他極為不安：伊底帕斯只是科林斯王的養子。依奧卡絲達王后最早發現其中的疑點，並將一切連起來，得出正確的結論。她悄悄地離開，靜靜地上吊自盡了。伊底帕斯發現依奧卡絲達的屍體後，滿懷悲痛與罪惡感，戳瞎了自己的雙目。他將自己放逐，離開了底比斯，最終死在當時雅典國王翟修斯保護之下的阿提卡。

確實，在《伊底帕斯王》的故事實際上有一個動機，可以解釋我們內在的聲音。他的命運之所以會打動我們，是因為那就是我們自己的命運。因為在我們尚未出生之前，神諭就已將最惡毒的咒語加到我們的一生了。我們很可能早就注定，第一個性衝動的對象是自己的母親，而第一個仇恨暴力的對象則是自己的父親；我們的夢也使得我們相信了這種說法。伊底帕斯王的殺父娶母，無非就是一種願望的達成——我們童年時期的願望之達成。

———————————佛洛伊德（Sigmund Freud）1899 年在《夢的解析》
（*The Interpretation of Dreams*）中提出了「伊底帕斯情結」

後世文化藝術作品：伊底帕斯

安格爾（Jean-Auguste-Dominique Ingres）在 1808 年畫了〈伊底帕斯與斯芬克斯〉，而莫羅也在 1864 年創作了著名的象徵主義畫作〈伊底帕斯與斯芬克斯〉。史特拉汶斯基在 1927 年創作了清唱歌劇《伊底帕斯王》，這齣歌劇是以西元前 5 世紀劇作家索福克里斯著名的三部曲中之一的同名悲劇為藍本創作的。

安格爾畫作中的伊底帕斯沉思著斯芬克斯的謎題。

翟修斯：花心的浪子 ◇

哪怕是再野蠻凶暴的野獸，
與你對我的所作所為相比，
也要顯得不知有多溫柔。
我無論如何也難以想像，
怎麼會將自己交到如此無情無信的人手中？

──────────────奧維德，《被翟修斯拋棄的雅瑞安妮》
(*Ariadne Abandoned by Theseus*) 第 1 行起

　　比起底比斯人宣稱海克力斯是自己的祖先，相較之下，雅典人對翟修斯的尊崇還要更勝一籌。在翟修斯治下，雅典曾經統一整個阿提卡地區，不過雅典人選擇翟修斯作為自己的偶像英雄更恰當的一點，是因為翟修斯和當時大多數雅典男人一樣，都是沙文主義者──甚至按照當時希臘人的標準也是如此。

出身：翟修斯的母親艾達拉曾經在同一晚與波賽頓、雅典國王愛琴斯（Aegeus）分別做愛，後來她生下了一個同時具有人性與神性的兒子。

　　愛琴斯是在返回雅典的路上，在特羅曾（Troezen）這座小城讓艾達拉受孕的。他在特羅曾與艾達拉廝混了一段時間，直到確認艾達拉懷孕，就將自己的佩劍與涼鞋埋在了一塊大石頭之下。他告訴年輕的艾達拉：當她的兒子長到可以舉起這塊石頭時，就讓他去雅典。因為可怕的美蒂亞在離開傑森後（參見第 191 頁），和愛琴斯在一起，所以他讓艾達拉母子在男孩長

大前，不要讓美蒂亞知情，算得上是明智之舉。

長大的翟修斯從石頭下取出父親留下的物品，選擇走陸路前往雅典，而不是穿過薩洛尼克灣（Saronic Gulf）走比較快的海路。對於沿路的壞人來說，這可不是什麼好消息，因為年輕的翟修斯想要仿效他心目中的英雄海克力斯，把沿途遇到的障礙全都殺戮殆盡。被殺的名單如下：

培里佩特斯（Periphetes）：他是赫費斯托斯的兒子，武器是一根強大的手杖。他用這根手杖將過路的旅客錘打致死，因而褻瀆了阿斯克勒庇俄斯的聖地埃皮達魯斯（Epidaurus）。翟修斯殺死了這個「持棒者」（他的名字正是這個意思），還取走了那根手杖，從此這根手杖就成了翟修斯的標識。

辛尼斯（Sinis）：他還被稱為「扳松樹的人」，因為他力大無比，甚至能直接扭彎松樹。他會把旅客綁在兩棵扭彎的松樹之間，然後鬆手，讓旅客直接被松樹撕裂。事實證明並非只有他能扳得動松樹，翟修斯將辛尼斯的方法用在他身上。翟修斯還強暴了辛尼斯的女兒，讓她懷了自己的孩子，就繼續趕路了。

克羅米翁牝豬（The Crommyon Sow）：這個充滿破壞性的怪物是堤豐的孩子，不過也有別的說法宣稱她其實是一群強盜的女頭目。翟修斯暫停了趕路的腳步，專程去獵殺她。

賽戎（Sciron）：他在非常狹窄的懸崖小路上，強迫路過的旅

雅典酒杯上的畫像，翟修斯與雅典娜（圖中央）。

客為自己洗腳。一旦旅客為他洗完腳，他就一腳把這些不幸之
人踢下海。不過當他遇上翟修斯時，被丟下海的就是他自己
了。

克爾基翁（Cercyon）：當翟修斯快抵達雅典時，他遇到了埃
萊夫西納的國王克爾基翁，他向陌生人挑戰摔角，輸的一方會
被殺死。他敗給了翟修斯。

普羅克魯斯特斯（Procrustes）：這個強盜有時會被視為現代
旅館業的先驅。無論旅客是否接受，他都強迫他們躺到同張床
上。如果旅客的身高超過床板，他就要把多出的那部分身體鋸
掉，而如果旅客的身高不到床板，他就要把那人的身體拉長到
合適為止。根據翟修斯的傳記作者普魯塔克（Plutarch）的描
述，翟修斯「使這個不義之人以他自己的方式得到了正義的處
置」，讓他也躺到那張床上，遭受同樣的對待。從「普羅克魯

斯特斯之床」衍生出來「強求一致」（procrustean）一詞，今日是表示用武斷的標準強求他人與自己一致的行為。

翟修斯還沒到雅典的時候，名聲早就傳開了。愛琴斯當時正為王位競爭者巴拉斯之子之間的爭鬥而憂心忡忡，無暇他顧，但女巫出身的王后美蒂亞卻一眼認出了翟修斯就是自己丈夫的兒子。她說服了愛琴斯，這名陌生人對他是個威脅，應該邀請他前來赴宴，然後伺機毒死他。不過在最終關頭，愛琴斯認出了翟修斯攜帶的佩劍，將盛著毒酒的酒杯從他的手中打落。

接下來發生了一連串事件，包括美蒂亞被流放，在戰場上擊敗巴拉斯的兒子們，以及獵殺馬拉松的公牛。馬拉松那頭公牛就是曾和帕希法娥發生關係的那頭，在被海克力斯捕獲後，又被尤里士修斯釋放（參見第 210 頁）。這頭公牛在馬拉松的平原肆虐，使得民不聊生（後來，雅典人擊敗波斯大軍的著名戰役，戰場就在馬拉松），而且還殺掉了米諾斯的一個兒子。不過翟修斯一殺死這頭牛，就發現他還要與牠的兒子打交道。

這是因為米諾斯的這些兒子，在阿提卡實在運氣不好。米諾斯和帕希法娥生下的另一個兒子，也被巴拉斯的兒子們在阿提卡不公地謀殺了，憤怒的諸神與同樣憤怒的米諾斯威脅雅典，除非得到補償，不然就要把雅典變成一片焦土。因此，每年雅典都要獻上 7 名童男和 7 名童女，在克里特獻祭給米諾陶洛斯（也就是帕希法娥那長著牛頭的兒子）。

翟修斯對抗著不同的敵手。

戴達洛斯與伊卡里斯

發明家戴達洛斯因為謀殺而被雅典流放,他出於嫉妒,殺死
了鋸子的發明者珀迪克斯(Perdix)。他在克里特島為帕希
法娥製造木牛,又為米諾斯建造迷宮,關押帕希法娥那次偷
情的產物。後來,戴達洛斯被米諾斯關起來,但他為自己和
兒子伊卡里斯(Icarus)造出了翅膀逃出升天。戴達洛斯警
告伊卡里斯不要飛得太高,但年輕的伊卡里斯陶醉於飛行的
美妙快感,忘記了父親的勸告,於是太陽的熱度融化了黏合
羽毛的蜜蠟,伊卡里斯最終從空中驟然墜落,落海而亡(海
克力斯前去搶奪格瑞昂的牛群時發現了伊卡里斯的屍體,並
安葬了他)。戴達洛斯後來去了義大利,而渴望報復的米諾
斯國王在追捕這位無賴發明家時,也被殺身亡。不過,你最
好希望現代的伊卡里斯不要落到地上,因為它是一顆直徑約
一英里的小行星,大約每 30 年隔著 400 萬英里「接近地球」

一次。這些小行星也被稱為「末日之星」：如果伊卡里斯撞上地球，產生的衝擊大約會是廣島原子彈爆炸的 33,000 倍。

後世文化與藝術作品：伊卡里斯

伊卡里斯已成為象徵那些過度旺盛的人的命運，並因此吸引了很多藝術家。薩拉切尼（Carlo Saraceni）1600 年畫的〈伊卡里斯的墜落〉（*Fall of Icarus*）展現了墜落的瞬間，而德雷珀（Herbert Draper）約 1898 年創作的〈哀悼伊卡里斯〉（*The Lament for Icarus*）中則展現了其後的回響。

被背叛的雅瑞安妮：翟修斯自願成為送往克里特獻祭的 7 名年輕男人之一，但他先向阿波羅和阿芙羅黛蒂獻祭，請求他們的幫助。神話接下來發生的故事十分令人困惑，因為有好幾個版本的神話流傳，不過所有神話都證實了，翟修斯向阿芙羅黛蒂的獻祭的確得到了豐厚的回報，因為克里特王室的公主雅瑞安妮一見到風流倜儻的翟修斯就愛上了他。

她送給了翟修斯一把利劍和一個線團。而後者可能更重要，因為戴達洛斯的拉比林斯迷宮（Labyrinth of Daedalus）設計得非常精巧，因此後世所有的迷宮都以 labyrinth 命名。之前從未有人能從迷宮中生還，他們不是在恐懼和饑餓中走向死亡，就是被在過道間徘徊的怪物米諾陶洛斯捕殺。翟修斯殺掉了這隻怪物，然後沿著線一路向回走，回到了一直等著他的雅瑞安妮身邊，兩人就乘船逃往雅典。

不過在愛情方面，翟修斯是典型的感情騙子。他將已經懷

後世文化藝術作品：雅瑞安妮

雅瑞安妮不幸的命運為許多藝術作品提供了靈感，其中有考夫曼 1774 年畫的〈被翟修斯遺棄的雅瑞安妮〉（*Ariadne Abandoned by Theseus*），以及瓦茨（G. F. Watts）1875 年的〈納克索斯島上的雅瑞安妮〉（*Ariadne in Naxos*）。兩位偉大的作曲家也曾以她的神話作為題材：韓德爾在 1734 年創作了《克里特島上的雅瑞安妮》（*Arianna in Creta*），而理查·史特勞斯（Richard Strauss）則在 1912 年創作了《納克索斯島上的雅瑞安妮》（*Ariadne auf Naxos*）。

孕的雅瑞安妮丟在納克索斯島上，自己先走了。不過，酒神戴奧尼索斯愛上了她。雅瑞安妮最後死於難產，當時戴奧尼索斯已經打算娶她為妻——根據一些神話的版本，正是這點才使得阿特蜜斯殺死了雅瑞安妮。所以，戴奧尼索斯將原本雅瑞安妮要在結婚時戴的花環放到天空，化作天上的北冕座（Corona Borealis）。（雅瑞安妮近來一直致力於取回自己的花環，因為歐盟太空計畫的主要火箭就是以她的名字命名。）

愛琴斯之死：愛琴斯在翟修斯出發除掉米諾陶洛斯時，意識到自己的兒子可能會死於此行。載著雅典人前往克里特島獻祭的船上按照慣例一般要掛黑帆，而愛琴斯曾經囑託兒子，如果他能活著返航就把船帆換成白色。翟修斯忘記了父親的囑託，而在舒尼恩岬（Cape Sounion）上眺望的愛琴斯一看到不祥的黑色船帆，就從懸崖投海自盡了。

與亞馬遜人的戰爭──雅典藝術品中常見的主題。

　　雅典人非常珍視「翟修斯之船」，據說直到古典時代他們還保留這艘船。那時船身的木材早已腐爛，逐漸用新木材代替原來的木板，因此哲學家一直爭論這樣究竟還是不是同一艘船。

安提娥珀被殺：關於翟修斯是如何遇見亞馬遜人安提娥珀（Antiope），有很多種說法。其中最常見的說法之一是，翟修斯曾陪同海克力斯一起去取亞馬遜女王希波麗塔的腰帶（參見第 211 頁），過程中俘虜了安提娥珀。他將安提娥珀帶回雅典，因為安提娥珀在亞馬遜人有著很高的地位，而其他女戰士為了奪回她，也跟著她來到雅典。在雅典城的中央，希臘人與亞馬遜人陷入混戰，過程中安提娥珀被殺身亡。她與翟修斯生下一個兒子，名叫希波呂托斯。

被詛咒的菲德拉：翟修斯娶了菲德拉（Phaedra）為妻，她是米諾斯王的另一個女兒，而且顯然沒有從姐姐雅瑞安妮的遭遇汲取教訓。儘管翟修斯曾經劣跡斑斑，但這對夫婦生活得也算美滿，直到希波呂托斯決意成為阿特蜜斯的追隨者，永遠保留處子之身。阿芙羅黛蒂重新開始了她對米諾斯家族的報復，她使菲德拉愛上自己的繼子，就像她的母親曾經對克里特島上那頭從海面誕生的公牛一樣，陷入畸情迷戀。結果是悲劇性的，希波呂托斯驚恐地拒絕了繼母的求愛，而菲德拉因而自縊身亡。她在遺書中宣稱希波呂托斯曾對她強暴未遂，憤怒的翟修斯於是呼喚他的父親波賽頓殺死這個犯下亂倫之罪的兒子，最終希波呂托斯就死於波賽頓之手。

誘拐海倫：失去妻兒的翟修斯在他魯莽的朋友塞薩利國王皮瑞修斯的鼓動下，又投身至另一場輕率的冒險。他們兩人決定要娶到宙斯的女兒。首先，他們前去斯巴達綁架了年輕的海倫，這時海倫雖然只有 12 歲，但已經因其美貌而聞名四方。他們將海倫留在特羅曾城，便又出發去尋找下一個受害者。

在幾百年後的伯羅奔尼撒戰爭中，斯巴達人幾乎每年都要踐踏阿提卡的土地，不過他們從不會對德克里亞（Dekeleia）下手，因為當地人曾經幫他們奪回了海倫公主。

試圖強暴波瑟芬妮：皮瑞修斯認為除了波瑟芬妮沒人有資格上當自己的妻子，因此翟修斯和皮瑞修斯就啟程前往冥府想要搶走她。冥府的主人陰鬱地笑了，因為他馬上就看出了這兩個呆

瓜來訪的原因。他假裝招待他們，卻為他們準備了一坐上去就
會消除記憶的椅子。海克力斯在去借三頭犬賽柏拉斯的途中，
遇見他的朋友翟修斯，將他救了出來（參見第 215 頁），然而
皮瑞修斯直到今天還在椅子上呆呆坐著。

翟修斯的女性受害者（由普魯塔克補充）

關於翟修斯的「婚事」，還有一些其他傳說。這些傳說的開始既不體面，
結局也不圓滿，不過它們在戲劇裡還從未反映過。他帶走一個特羅曾
的姑娘阿娜克索（Anaxo）；在殺死辛尼斯和克爾基翁之後，蹂躪了他
們的女兒；又先後娶了阿賈克斯（Ajax）之母佩里玻亞（Periboea）、
斐瑞玻亞（Phereboea）以及伊菲可斯之女伊奧佩（Iope）。此外人們
還譴責他由於迷戀帕納剖斯（Panopeus）的女兒艾格勒（Aegle）……

―――――――――――**普魯塔克，《翟修斯》第 29 節**

尾聲：翟修斯重返塵世之後，他發現他誘拐海倫這事件使雅典
和斯巴達之間爆發了戰爭，正如海倫的第二次被誘拐導致了希
臘與特洛伊之間的戰爭一樣。雅典人在交戰中節節敗退，並對
翟修斯惹下麻煩後又突然消失相當不滿。翟修斯被雅典人流放
到了斯基羅斯島（island of Skyros），當地的國王認為翟修斯
會威脅自己的統治，就把他殺掉了。

後世文化藝術作品：翟修斯

與所有英雄一樣，翟修斯也為藝術家們所偏愛：魯本斯在 1618 年曾畫了〈與亞馬遜人之戰〉（*Battle of the Amazons*），普桑在 1633-1634 年間畫了〈翟修斯找到父親留下的武器〉（*Theseus Finding his Father's Arms*），弗朗德蘭（Hippolyte Flandrin）則在 1832 年畫了〈翟修斯的父親認出翟修斯〉（*Recognition of Theseus by his Father*）。而雕塑家創作了幾尊令人膽顫的米諾陶洛斯雕像：其中包括雷米（Étienne-Jules Ramey）1826 年創作的〈與米諾陶洛斯作戰的翟修斯〉（*Theseus Fighting the Minotaur*），現藏於巴黎杜樂麗花園（Tuileries Gardens）。西卡爾（François Sicard）1932 年創作的〈翟修斯與米諾陶洛斯〉，現藏於雪梨海德公園（Hyde Park）。

8

特洛伊戰爭

　　特洛伊戰爭有著引人入勝的情節。被後世當作美人象徵的海倫被帕里斯引誘並擄走，引發了希臘與特洛伊之間的戰爭，這場戰爭為不計其數的英雄與惡棍提供了登場的舞臺，他們用自己的驍勇和殘虐書寫了史詩的情節。當然，在戰爭中還誕生了著名的木馬屠城計。許多世紀以來，人們一直把特洛伊看作只在傳說中存在的城市，甚至比亞瑟（Arthur）的卡美洛城（Camelot）還要虛無縹緲，直到 19 世紀，考古學家施里曼（Heinrich Schliemann）才確立了特洛伊曾真實存在。特洛伊城的遺址位於土耳其北部的希沙立克（Hissarlik）大型土墩。考古發掘的證據顯示，希沙立克遺址事實上是由多座古代城市組成，它們都建在之前被毀滅的城市的遺址之上。不過哪一片土層下埋藏的才是赫克特（Hector）和帕里斯的特洛伊城呢？施里曼是一個經驗豐富的自我宣傳者，他竭力要證明特洛伊城的遺址就位於他曾發現的著名的「普瑞阿摩斯王的寶藏」那層遺址中。不過事情並不像他想的那麼容易，因為他所發現的寶藏已經被證明要比傳說中特洛伊戰爭發生的年代早了一千多年。考古學家宣稱特洛伊城遺址最有可能位於一般被稱為

「VIIA」段的地層之中，現已出土的考古學證據證明此處曾經發生過大火，而且受過暴力破壞。

七雄進攻底比斯 ◇

如今伊底帕斯家最後長出的根苗
給這個家族帶來的最後一線希望，
哎呀，又要被地下神祇的鐮刀──
言語的愚蠢、心靈的瘋狂──割斷了。

──索福克里斯，《安緹岡妮》第 600 行起

悲劇的女英雄安緹岡妮等著克里翁的判決。

在特洛伊戰爭之前，就有一場熱身大戰「七雄進攻底比斯」，這場戰爭在很多年之間都是希臘半島曾爆發規模最大的戰爭。戰爭爆發的根源是伊底帕斯的兩個兒子，波呂奈瑟斯（Polynices）和埃堤奧克里斯（Eteocles）之間的紛爭。在他們犯下亂倫之罪的父親自我放逐到雅典附近的科洛納斯之後，他們立刻努力假裝伊底帕斯好像不存在。怨恨的伊底帕斯詛咒這對兄弟誰都無法統治他的故國底比斯，也無法在其中生活。

儘管伊底帕斯的言辭非常激烈，但這對兄弟顯然都沒有把他的詛咒當一回事。畢竟，底比斯可是希臘世界最強大、也最富裕的城邦之一。所以儘管他們的父親預言他們必將自相殘殺而死，這對兄弟還是同意一年一度交替執政，輪流分享權力。先由弟弟埃堤奧克里斯執政，但他一登上王位就宣布自己是唯一的國王——正如後來的許多人一樣——他宣稱：「如果人一定要背信棄義，對權力的渴望顯然是最好的動機。」

波呂奈瑟斯逃到了阿爾戈斯城，在那裡組織了一支願意幫助他奪回王位的同盟軍隊。聯軍最負盛名的 7 位英雄，是由阿爾戈斯國王阿德拉斯托斯（Adrastus）領軍，以及安菲阿拉俄斯（Amphiaraus）、卡帕紐斯（Capaneus）、埃堤奧克魯斯（Eteoclus）、希波墨冬（Hippomedon）、帕耳特諾派俄斯（Parthenopaeus）以及堤丟斯（Tydeus）。安菲阿拉俄斯是海倫的堂兄，他原本並不願加入這次戰爭，因為他是一名先知，知道 7 位英雄中將有 6 位會死於非命；只有阿德拉斯托斯一人倖免於難，海克力斯送給他的駿馬阿里昂（Arion）將使他得以逃出升天。在戰爭臨近結束時，宙斯親自用雷霆將安菲阿拉

俄斯轟斃。另一位被雷霆傷亡的英雄是卡帕紐斯，他剛登上底比斯的城牆就被宙斯劈死，因為他曾吹噓過即使是宙斯也無法阻擋他，他的自大最終葬送了自己的性命。埃堤奧克魯斯是阿爾戈斯國王的另一位兒子，他和自己的同伴希波墨冬都在戰鬥中被殺。帕耳忒諾派俄斯是阿塔蘭達（參見第 196 頁）的兒子，也是海克力斯兒子的朋友，他在攻城時被城上拋下的石頭砸死。強大的堤丟斯是當初召集英雄參加卡利敦野豬狩獵的國王之子，他在被伏擊時，單槍匹馬殺死整整 50 個敵人才死去（很可能是死於精疲力盡）。堤丟斯的兒子是戴歐米德斯，他的追隨者們把他和阿基里斯及阿賈克斯相提並論，視他為特洛伊戰爭中希臘方最偉大的英雄之一。

最後，當然還有波呂奈瑟斯。他正如自己父親的預言所料，與自己的兄弟在赤手空拳的搏鬥中殺死了對方，以這種方式結束了這場戰爭。

即使接手底比斯的克里翁（Creon）明令不准收殮波呂奈瑟斯的屍體，但波呂奈瑟斯的妹妹安緹岡妮還是堅持埋葬了自己的哥哥。克里翁懲罰安緹岡妮被活埋在一間狹小的地下室。她之後的命運頗有爭議，古代雅典的索福克里斯和尤里彼德斯都曾經以這個主題創作悲劇。有種說法是，她恰好在情人海依孟（Haemon）去拯救她的前一刻自縊而亡——這一情節後來被莎士比亞在《羅密歐與茱麗葉》（Romeo and Juliet）的悲劇結局中沿用。

帕里斯的評判 ◇

（女人）對於人類是這樣的一種禍害……
瑪依亞和宙斯的兒子
引領三位女神的華車
來到伊達的山谷，
來到牧人的牛欄
找那獨自生活
在孤獨小屋爐灶邊的
年輕牧人，在她們準備一心進行
關於美的激烈競爭的日子裡。
他這一趟惹起了多大的禍害啊！

——尤里彼德斯，《安德柔瑪姬》（*Andromache*）第一卷帶 270 行起

　　正如七雄攻底比斯的戰爭使得希臘人為特洛伊戰爭做好了
準備一樣，緹蒂絲婚禮的餘波也使奧林帕斯山上的神祇分成了
幾派。緹蒂絲，就是那位在赫費斯托斯（參見第 129 頁）與戴
奧尼索斯受難時，照料過他們的海洋精靈。波賽頓與宙斯都曾
經打算引誘緹蒂絲（甚至是打算強暴她——這對兄弟顯然分不
清引誘和強暴的區別）。波賽頓一知道緹蒂絲的兒子命中注定
會比自己的父親更強大，就打消了這個念頭，甚至還小心翼翼
地保守這個祕密，不讓宙斯知道。就在風流成性的宙斯正要引
誘緹蒂絲之前，剛剛被海克力斯放出來的普羅米修斯適時地警
告了他。

　　於是，眾神決定要為緹蒂絲找一個相對平凡的人作為丈夫，

他們選中了佩琉斯，儘管佩琉斯在凡人間算得上十分出眾，他曾經參加過阿爾戈遠征、卡利敦野豬狩獵，而且也是半人馬紀戎的好友。緹蒂絲的人緣很好，所以就像我們之前所見，眾神都出席了緹蒂絲的婚禮，甚至沒有接到邀請的厄莉絲（不和女神）也不請自來。厄莉絲為了報復自己沒被邀請（參見第 162頁），將一顆刻有「給最美麗的人」的金蘋果拋進了婚禮的宴席中間。雅典娜、赫拉及阿芙羅黛蒂立刻就宣稱這顆蘋果應該屬於自己，非常無禮地忽視了緹蒂絲也有著驚人的美貌，而且「還是」婚禮的新娘。

　宙斯宣布將仲裁權交給特洛伊國王普瑞阿摩斯的兒子帕里斯，因為帕里斯之前就以公正著稱。儘管宙斯的裁決十分公平，但 3 位女神卻並沒有遵守公平的遊戲規則，她們試圖以自己執掌的權力去賄賂帕里斯。赫拉向他提供了全歐亞的統治權，而雅典娜則提議賦予他智慧，但帕里斯都拒絕了。阿芙羅

帕里斯的裁決為自己結下兩個強大的宿敵。

後世文化藝術作品：帕里斯的評判

古希臘花瓶上描繪這一情節時，出現 3 位女神都穿著華麗的
衣服。不過在古典時代之後的藝術作品中，顯然帕里斯已經
認真到要全面檢查 3 位女神的身體，洛漢（Claude Lorrain）
1645-1646 年間畫的〈帕里斯的評判〉顯然如此暗示。對這
則神話的其他闡釋還有魯本斯約 1632-1635 年間畫的的〈帕
里斯的評判〉，維特華爾約 1615 年創作的〈帕里斯的評判〉，
還有范巴倫（Hendrick van Balen）1599 年創作的〈帕里斯的
評判〉。上述這些作品中，3 位女神穿著的衣服加起來也就
只有一套比基尼的大小。老克拉納赫想必十分喜愛這個神話
主題，他根據這個主題創作了好幾個版本的畫作。《帕里斯
的評判》還在 1701 年被艾克勒斯（John Eccles）改編成歌劇。

黛蒂能呼喚征服萬物的愛神艾洛斯，她提出可以讓塵世最美麗
的女人海倫愛上他。帕里斯接受了她的提議，在這之後，善妒
的赫拉與雅典娜的怒火不僅毀滅了帕里斯，連帶著也毀滅了他
的全部家人和整個城邦。

特洛伊之圍 ◇

他們說，劫奪婦女是一件壞人幹的勾當，
可是事情很明顯，如果不是婦女她們自己願意，
她們是絕不會給劫走的，因此在被劫之後，

想處心積慮地進行報復，那就未免愚蠢了，
明白事理的人是絲毫不會對這樣的婦女介意的⋯⋯
可是希臘人卻僅僅為了斯巴達的一個婦女而集合了一支大軍，
侵入亞細亞並打垮了普瑞阿摩斯的政權。

——希羅多德，《歷史》第 1 卷第 4 節

　　現代考古學和古典神話都能證明特洛伊自建立以來曾經多次遭受嚴重損毀，不過古代作家認為這是出自神祇、怪物以及海克力斯的作為，而現代考古學家則認為過往劫掠的部族或西臺人（Hittite）才該對此負責。然而，在強擄海倫的那個時代，特洛伊已經經過了全面的整修，阿波羅和波賽頓甚至還為他們重建了城牆，這時的特洛伊可以說是固若金湯。

　　很多人都誤以為荷馬的《伊利亞特》講述的是特洛伊戰爭的故事，事實上荷馬的故事開始之時，圍城戰已經持續了 9 年多了（儘管如此，這些故事的確激動人心）。下面我們要講的是這場戰爭的概要總結，同時還會花更多篇幅去介紹出場人物的生平。

1. 特洛伊圍城戰的開端

　　帕里斯啟程前往斯巴達去領取阿芙羅黛蒂答應給他的那份獎賞。他對海倫已經嫁給了梅奈勞斯國王這個事實毫不在意，當時梅奈勞斯正在國外參加一場葬禮，帕里斯就趁機拐走了海倫，還帶走了梅奈勞斯的大量財寶。梅奈勞斯想必不會善罷甘

休。因為海倫超凡絕倫的美貌，希臘著名的英雄都曾經向她求過婚，還立下誓言要一起保護最終贏得她芳心的那位英雄的榮譽，這份誓約叫做「廷達羅斯協定」（Pact of Tyndareus），廷達羅斯是海倫的繼父。整個希臘事實上形成了一個「環亞該亞公約組織」（National Achaean Treaty Organization，譯注：簡寫為NATO，正好和現在的「北大西洋公約組織」一樣）。這個組織迅速對這次卑劣的綁架做出反應。

希臘人費了一番波折才找到前往特洛伊的道路，他們先是派出梅奈勞斯和精於辯才的奧德修斯出使特洛伊，要求歸還海倫和賠償。特洛伊城牆是由兩位神所造，堅不可摧，所以特洛伊王普瑞阿摩斯拒絕了希臘人的要求，這無異於向希臘人挑釁，並讓事態迅速惡化到最糟的程度。

2. 希臘聯軍抵達特洛伊

召集前往特洛伊的艦隊並不容易，而當希臘人終於抵達特洛伊時，他們又發現特洛伊人在小亞細亞還有許多盟友，包括亞馬遜人。希臘人在戰爭初期主要做的是切斷特洛伊人與外界的往來與補給。然而，特洛伊城內就有著豐富的存糧，希臘人被迫讓軍隊在城外屯田種糧，要長年圍困特洛伊城。

3. 戰爭和預言

9 年的圍困也沒能使希臘人攻陷城池，大量的英雄已經在戰

爭中隕落（正如《伊利亞特》的部分描述），有些神的自尊心遭受了打擊，甚至連軀體都受到傷害。希臘人在戰爭中俘虜了一位先知，這位先知告訴他們，希臘人一直無法取勝，是因為神已經設好了 4 個條件，而他們並沒有達成。希臘人要獲勝必須：

- 讓已經戰死的阿基里斯之子加入希臘陣營。
- 使用海克力斯的弓箭。
- 獲得帕拉迪烏姆（Palladium）——這是一尊雅典娜的古代雕像，當時在特洛伊人手中。
- 把佩羅普斯（參見第 101 頁）的遺骸帶到戰場上。

4. 尾聲

希臘人於是勤勉地按照神諭規定的勝利條件展開了一系列軍事行動。接下來，奧德修斯是希臘軍中唯一一位意識到不需用武器廝殺，照樣可以獲勝的英雄。他想出了一個狡詐的計畫，可以輕而易舉地越過城牆攻陷城市。希臘人假裝撤軍，在營地中留下了著名的特洛伊木馬——事實上它應該是「希臘木馬」（儘管完全是為了特洛伊人準備的）。這隻巨大的木雕（希臘人宣稱是獻給波賽頓的供品）被特洛伊人運回城中，它中空的內部實際上藏著一支精銳的希臘突擊隊。等到天黑，他們就從木馬中現身，打開了特洛伊的城門，一夜之間盡情發洩 10 年來的挫敗感。幾乎沒有多少特洛伊人能逃脫。

在米克諾斯島發現 2,800 年前描繪的特洛
伊木馬文物。

戰爭中著名的出場人物 ◇

宙斯

　　宙斯愛戀著自己的年輕斟酒人 ——特洛伊人甘尼梅德
（Ganymede）。因此，宙斯在戰爭中是較偏向特洛伊一方的
中立派。他竭力阻止其他神干預這場戰事，但並不是所有神都
把他的勸阻當一回事。

希臘陣營 ◇

　　希臘人又被稱為 Hellenes（編注：與祖先是赫楞有關）、亞該亞
人或達那俄斯人（Danaids）。

　　希臘陣營按照地位排序如下：

神祇

波賽頓

他曾經幫助阿波羅建造特洛伊的城牆，但當時的特洛伊國王拒絕支付報酬。自那以後，波賽頓就討厭特洛伊人，他從來都不太把宙斯的勸阻當回事。在他的孫子被殺後，他還曾經短暫地參與戰鬥。

雅典娜

她原本就有親希臘人的天然偏向，何況她和帕里斯還有著一段特殊的過節。雅典娜有一種很少被人記起的屬性是雅典娜·柏洛馬考士（戰場上的雅典娜），她不僅是戰爭女神，還是一位專業的統帥與戰略家。她不吝向希臘人提供建議，在阿瑞斯現身幫助特洛伊時，她還兩次不留情面地擊敗了阿瑞斯。

赫拉

她出於與雅典娜相同的原因支持希臘陣營。同時她還是這場戰爭中希臘陣營領軍的阿爾戈斯和邁錫尼城邦的保護神。在《伊利亞特》第四卷，宙斯指責她想要「進入特洛伊的城門與高牆之後，將普瑞阿摩斯生吞活剝，還要加上普瑞阿摩斯所有的兒子和所有特洛伊人，才肯稍稍平息自己的怒火」。

赫費斯托斯

大致上是因為雅典娜支持希臘人，他才會站在希臘一方。不

過這並非只因為他對誓守貞潔的雅典娜女神有著得不到回應的愛，也因為還討厭不忠的妻子阿芙羅黛蒂就站在特洛伊那方。而且赫拉是他的母親，赫費斯托斯這位工匠之神向來是個孝順的兒子。除此之外，他也覺得緹蒂絲很有魅力。

緹蒂絲

她一心想要讓自己的兒子阿基里斯獲得不朽，所以從小就餵他吃神餚，夜晚還會把他裹在尚有餘火的灰燼中，想要燒掉他的凡人屬性。她狂怒的丈夫佩琉斯發現後，就禁止緹蒂絲繼續這樣做。（因為在這種小火文烤的過程中，他已經死掉了 5 個兒子，反倒令人好奇為什麼他忍了那麼久。）憤怒的緹蒂絲拋下了丈夫和兒子，回到深海。不過，當阿基里斯在特洛伊作戰時，她還是會現身給予阿基里斯建議。

國王

阿格門儂

荷馬在《伊利亞特》第一卷形容阿格門儂國王「有著一顆充滿怒火的陰暗之心」。他是佩羅普斯的孫子，也是梅奈勞斯的兄弟，他娶了海倫的姐姐克萊婷（Clytemnestra）。他是邁錫尼國王，是當時希臘世界的霸主，也是由他帶頭發起了這場對特洛伊的戰爭。他殘忍無情，毫無道德感，即使是以他所生活時代的低道德標準而言，他都顯得骯髒下流。他的名字意謂著「絕不動搖」——英國皇家海軍有艘「阿格門儂號」在 1805 年

的特拉法加海戰（the battle of Trafalgar）相當卓越。

梅奈勞斯

他是斯巴達的國王，急切地想要奪回自己的妻子，當然他最希望得到帕里斯的項上人頭。

奧德修斯（尤里西斯）

不是第一次了，我看見你，
萊葉帖斯（Laertes）之子啊，來回逡巡，
想找一個有利的時機，對付你的敵人。

——索福克里斯，《阿賈克斯》第 1 節
雅典娜對奧德修斯所說的話

奧德修斯是伊薩卡（Ithaca）的國王，有人認為他的父親是那位狡黠而有過兩次生命的薛西弗斯（參見第 183 頁）。他並不願參加這場戰爭，也捨不得離開家中的嬌妻潘妮洛普（Penelope），所以裝作精神失常藉以逃避戰事。一位名叫帕拉墨德斯（Palamedes）的國王識破了他的伎倆，因此他後來設計報復帕拉墨德斯，使他下場淒慘。奧德修斯將他的兒子交給一個叫做門托耳（Mentor）的希臘人撫養，從此「導師」一職業就以此為名。

戴歐米德斯

你在戰鬥中很是強大，
議事時在同年歲的伴儕中出眾超群。

——荷馬，《伊利亞特》第 9 卷第 50 行
涅斯托耳（Nestor）對戴歐米德斯所說的話

許多博學的神話學者都最喜愛這位阿爾戈斯國王戴歐米德斯，同樣他也是雅典娜的偏愛。在特洛伊戰爭期間，當阿芙羅黛蒂和阿瑞斯這對情人想要親手干預戰事時，正是戴歐米德斯擊傷了他們。當戴歐米德斯在特洛伊軍中見到舊識時，他會放下武器，與對方親切攀談，彼此交換盔甲。他幫助奧德修斯偷出了帕拉迪烏姆（參見上文），如果沒有這尊雕塑，希臘人就無法獲勝。他也是藏在木馬裡 50 名戰士之一。

英雄

阿基里斯

黑髮的海神緹蒂絲生下了凶暴的阿基里斯，
他是保護亞該亞人的支柱與堡壘。

——品達，《頌歌》第 5 首，〈獻給德爾斐人的凱歌〉

緹蒂絲雖然無法讓自己的兒子獲得永生，還是希望他能變得刀槍不入，於是在他臨行之前，緹蒂絲將兒子浸入了斯堤克

花瓶上的線條描畫：閒坐的阿基里斯。

斯河。因為緹蒂絲本人不能接觸河水，所以她當初提著阿基里斯身體的地方就成了他的弱點——也就是著名的「阿基里斯之腱」。阿基里斯為了避免前赴特洛伊戰場，曾經偽裝成少女，不過最後還是被識破了；所以我們的英雄就啟程前往戰場，大展威風，也在那裡走向死亡。他驕傲、殘酷，自負到愚蠢的程度。簡而言之，他是特洛伊戰爭中希臘陣營的最佳原型。

後世文化藝術作品：阿基里斯

貝諾維爾（F.-L. Bénouville）曾在 1847 年畫了〈阿基里斯之怒〉（*The Wrath of Achilles*），而薩羅（Domenico Sarro）也曾經以他的神話為主題，在 1737 年創作了歌劇《斯基羅島上的阿基里斯》（*Achille in Sciro*）。

阿賈克斯

那個有著不祥的名字而又剛愎自用的阿賈克斯。

——————————索福克里斯，《阿賈克斯》第 1080 行

　　阿賈克斯是海克力斯的孫子，他是一個幾乎對誰都不存惡念的人，當然這可能是因為思考會使他頭痛，會浪費原本可以用來毆打別人的時間。他唯一一次主動的謀劃，卻是打算攻擊己方陣營，因為他們沒有將戰死的阿基里斯的盔甲送給他。雅典娜使他陷入瘋狂，讓他轉而對一群牛發動了攻擊（這個事件成為索福克里斯動人的戲劇《阿賈克斯》靈感的源泉）。在這之後，受辱的阿賈克斯憤而自殺。

特爾西特斯

　　特爾西特斯（Thirsites）是一位反英雄，他出身卑微、禿頭，還有 O 型腿。他經常嘲諷那些「出身更好的英雄」的自負，

埃克塞基亞斯（Exekias）繪製的花瓶：阿基里斯與阿賈克斯在擲骰子賭博。

並且很正確地形容阿格門儂和阿基里斯之間的紛爭，是場孩子氣的吵架。他因為主張希臘人應該撤軍返鄉，而被奧德修斯猛烈攻擊，最終他和阿基里斯開了太過分的玩笑，而被阿基里斯殺死。

斯坦托

斯坦托（Stentor）是一個嗓音有 50 個人加在一起那麼響亮的希臘傳令兵。直到今天，人們宣布公告所用的「嘹亮」（stentorian）嗓音就是因他的名字而來的。

女性

我們之所以將女性放在最後，是因為在考慮戰爭的參與者時她們常常被忽略，當然寵妻的奧德修斯可能並不這麼想。

伊菲吉妮亞

伊菲吉妮亞是阿格門儂的長女。希臘艦隊曾經在奧利斯因為無風一直無法啟航，根據一些文獻的記載，這可能是因為阿格門儂曾對阿特蜜斯不敬。發現只要獻祭自己的女兒就能讓艦隊啟航，於是阿格門儂託稱要將伊菲吉妮亞許配給阿基里斯，將她騙了過來。在獻祭了伊菲吉妮亞之後，艦隊就順利出海了，儘管一些文獻宣稱阿特蜜斯在最後關頭，用一隻母鹿代替了伊菲吉妮亞，然後讓她做了自己的女祭司。

布呂塞伊斯

布呂塞伊斯（Briseis）是被阿基里斯收留的一個孤女（她會成為孤女，是因為她父母和其他家人都被阿基里斯殺死了）。她原本是阿基里斯的小妾，但後來她被阿格門儂強行奪走，代替自己失去的床伴。阿基里斯自此就不再出陣以示抗議，他拒絕離開自己的營地，加入戰鬥。

特洛伊陣營 ◇

特洛伊人投身於保衛城邦的熱情，留下一句表示工作勤奮的諺語：「像特洛伊人那樣工作」；另外，也許因為特洛伊城牆的堅不可摧，北美一個知名保險套品牌就是以特洛伊為名。這也合乎情理，因為特洛伊人最主要的保護神正是阿芙羅黛蒂。

神祇

阿芙羅黛蒂

愛神早已準備好站在帕里斯這邊了。何況梅奈勞斯當年曾經許諾過只要能迎娶海倫就向愛神獻祭一些牛，而愛神對這個諾言從未兌現也頗為惱火。

阿瑞斯

他對於特洛伊人，其實並沒有他對於阿芙羅黛蒂那麼熱心，

阿瑞斯把這整場戰事當作供自己消遣的一份閃亮禮物。不過，當他終於忘乎所以、親自投身戰鬥時，卻當即被戴歐米德斯重創（藉由雅典娜的幫助）。他立刻逃離了戰場，從此就只在安全的範圍內監管這場屠殺了。

阿波羅

同為 A 開頭的阿波羅是親特洛伊陣營的最後一個神，他會支持特洛伊人似乎僅因為希臘人的行為與他文明、開化的性情格格不入。阿基里斯上岸後，幾乎第一個舉動就是殺死了阿波羅的兒子特涅斯（Tenes），這顯然也讓阿波羅不悅。最後一根稻草是希臘人綁架了阿波羅祭司的女兒。阿波羅對這些冒犯的回應，是用一場瘟疫襲擊了整個希臘營地。

特洛伊王室

普瑞阿摩斯

老人家，我聽說你從前享受幸福……
人們說你老人家的財富或兒子
都超過那些地方的人。

———荷馬，《伊利亞特》第 24 卷，阿基里斯對普瑞阿摩斯說的話

普瑞阿摩斯曾是特洛伊王室的最後一名倖存者，在海克力斯摧毀了整座城市，並殺死了他家族的其他成員之後，普瑞阿摩斯成為特洛伊國王。到了特洛伊戰爭時，普瑞阿摩斯已經是個

普瑞阿摩斯懇求阿基里斯歸還赫克特的屍體，畫面中的普瑞阿摩斯趴在阿基里斯的床下以示卑微。

後世文化藝術作品：普瑞阿摩斯

在古典時代之後的繪畫作品中，我們會發現漢密爾頓（Gavin Hamilton）1775 年畫的〈懇求阿基里斯歸還赫克特屍體的普瑞阿摩斯〉（*Priam Pleading with Achilles for the Body of Hector*），蓋蘭（Pierre-Narcisse Guérin）1817 年畫的〈普瑞阿摩斯之死〉（*The Death of Priam*）以及巴斯帝安—勒佩吉（Jules Bastien-Lepage）1876 年畫的〈阿基里斯與普瑞阿摩斯〉。很少有人用音樂的方式表彰普瑞阿摩斯，但還是等到了屬於他的樂章，提佩特（Michael Tippett）1962 年創作了歌劇《普瑞阿摩斯國王》（*King Priam*），這齣歌劇是 20 世紀後期最重要的歌劇之一。普瑞阿摩斯的兒媳安德柔瑪姬（Andromache）也有一齣以她為題材的歌劇，是溫特（Herbert Windt）1932 年創作的《安德柔瑪姬》。

膝下有 50 名子女和許多妻室的老人了。直到與希臘人開始那場宿命的戰爭之前，他一直以統治賢明著稱。他曾經踏上艱難的旅程，懇請阿基里斯歸還他死去兒子赫克特的屍體，後來又輪到他自己被阿基里斯的兒子聶荹普勒摩斯（Neoptolemus）殺害。

赫克特

我們一向稱讚神樣的赫克特
是個槍手和勇敢的戰士！

——荷馬，《伊利亞特》第 5 卷

　　赫克特是特洛伊陣營最偉大的英雄，他被描述成一位誠實、友善，但在戰場上又十分凶猛的戰士。在阿波羅的幫助下，他殺死了當阿基里斯生著悶氣而拒絕出戰時，穿上他的盔甲鼓舞希臘人的朋友派特洛克羅斯（Patroclus），阿基里斯對此非常惱火。

帕里斯

你這個好色狂、大騙子，
但願你沒有出生，沒有結婚就死去……
在你心中，既沒有力量也沒有勇氣。

——荷馬，《伊利亞特》第 3 卷，赫克特對帕里斯說的話

　　如果帕里斯不是一名姦夫，他對海倫的愛情會浪漫得多——

在他引誘海倫時，早已娶了一位叫做俄諾涅（Oenone）的水澤精靈為妻——他不僅是個竊賊，還是一個懦夫，不敢面對梅奈勞斯的視線，而是怯懦地縮到人群之中。荷馬提到他時，說他「被所有人憎恨，甚至是陰暗的死神」。正是他用毒箭射中了阿基里斯的腳踝，殺死了阿基里斯。在帕里斯臨死時（這次輪到他被海克力斯弓上的毒箭射中），俄諾涅原本可以治癒他的傷口，但她拒絕這樣救他。

英雄

阿伊尼斯

特洛伊人尊敬如神明的阿伊尼斯。

—————————————荷馬，《伊利亞特》第 11 卷第 58 行

　　阿伊尼斯是阿芙羅黛蒂和一個凡人生下的兒子，他是特洛伊王室的旁系成員。他曾險些被戴歐米德斯所殺，不過最後被阿波羅救下。波賽頓意識到了阿伊尼斯將會在後來發生的事件中發揮重大的作用，於是也搭救了被阿基里斯重傷的阿伊尼斯。

彭忒西勒婭

然而你要記住，女人心裡也有戰神。

—————————————索福克里斯，《伊蕾特拉》第 1242 行

　　彭忒西勒婭（Penthesileia）是阿瑞斯的女兒，她曾經犯下謀殺罪，最後被普瑞阿摩斯王滌罪，她為了報答而前來幫助特洛伊人。她和她麾下的亞馬遜女戰士成功地在希臘軍中引起恐慌，直到被阿基里斯所殺，阿基里斯幾乎是一剝下她的盔甲後就被她驚人的美貌打動而後悔殺了她。

門農

　　門農（Memnon）是衣索比亞的王子，他是伊奧絲和提托諾斯（參見第 56 頁）的兒子。門農穿著由赫費斯托斯打造的盔甲，因而在希臘軍中所向披靡，直到遇到了阿基里斯。這時的阿基里斯已經失去了原來的盔甲，因為赫克特將它從派特洛克羅斯的屍體上剝去了，所以緹蒂絲說服赫費斯托斯再為阿基里斯打造一副全新盔甲。儘管兩邊都擁有神造的盔甲，但最後還是阿基里斯贏得了這場決鬥。不過幾個小時之後，他就被帕里斯用毒箭射中腳踝而死，結束了自己光輝的一生。

女性

海倫

　　我們之前已經提過海倫很多次了，以至於根本不需要對她再多做介紹。馬羅（Christopher Marlowe）創作的《浮士德博士的悲劇》（*Doctor Faustus*）自 1594 年至今一直在舞臺上演出，這部戲劇中展示了經過一千多年時光後的海倫形象：

莫非這就是那發動成千的戰艦，
燒毀了特洛伊城高樓的那張面孔嗎？
溫柔的海倫，用妳的一吻使我不朽吧⋯⋯
我要長留在這裡，這朱脣就是我的天堂，
海倫以外世間的一切全無價值可言。

　　與此相對的是尤里彼德斯的觀點：

我說妳有很多的父親，他們生了妳：
第一個是冤仇，第二個是嫉妒，
還有殘殺和死亡，以及大地所生的一切罪惡。

──────────────尤里彼德斯，《特洛伊婦女》第 769 行

赫秋芭

　　赫秋芭是普瑞阿摩斯眾多妻子中地位最高的，她為她的丈夫生下了 19 個孩子，這些孩子許多都被阿基里斯在城外所殺，包括赫克特。她從城市遭受的可怕劫難倖存下來，後來被賣到希臘為奴。在這期間，她對殺死她最愛之子的凶手做了可怕的復仇。然後她被變成了一隻有著火一樣熾烈雙眼的黑狗，從此成了女巫之神黑卡蒂的隨從。

卡珊卓

　　卡珊卓是普瑞阿摩斯女兒中容貌最美的一位，因為她曾經拒絕過阿波羅的追求，所以阿波羅詛咒她能預見未來，但卻不會

有人相信她的預言。她曾經徒勞地勸阻特洛伊人不要允許帕里斯前往希臘，懇求特洛伊人不要放木馬入城，在被阿格門儂俘虜為奴後也沒能成功警告他即將到來的死亡。因此，只要有人警告世人將要到來的厄運卻不被重視，就會被稱作「卡珊卓」。

安德柔瑪姬

安德柔瑪姬是赫克特的妻子，她深厭海倫，而且對自己的丈夫和兒子將要面臨的不幸都有預感。她在戰爭中活了下來，被阿基里斯的兒子聶莪普勒摩斯納為小妾後，經歷了一段艱難的歲月，最終嫁給了另一名倖存的特洛伊人，與後來生下的兒子一起建立了小亞細亞的城市帕加馬。

赫克特和安德柔瑪姬悲劇的別離。

荷馬《伊利亞特》的關鍵篇章 ◇

　　儘管沒有什麼能取代直接閱讀荷馬的傑作（而且最好是閱讀古希臘文的版本）。以下一些從《伊利亞特》簡短的摘錄，可能有助於讀者一窺原文生動的精髓。

克律塞伊絲被擄

　　亞該亞人恰到好處地分配了這些戰利品，將嫵媚動人的克律塞伊絲（Chryseis）交到阿格門儂王的手中。但她的父親克律塞斯（Chryses），這位遠涉的阿波羅神祭司來到了亞該亞人的快船前，隨身還攜帶著大量的贖金，一心只想贖回自己親愛的女兒的自由。克律塞斯還高舉著預言之神的權杖，權杖上環繞著表明祈求者身分的花環。（第 1 卷第 1-21 行）

阿格門儂交出了克律塞伊絲，但強行要走了阿基里斯的侍妾，阿基里斯對此極度不滿

　　全體亞該亞人發出同意的呼聲，表示尊重祭司，接受光榮的贖禮；阿楚斯（Argives）的兒子阿格門儂心裡卻不喜歡，他粗暴地趕走祭司，發出嚴厲的禁令。那個老年人在氣憤中回去；阿波羅聽見了他的祈禱，心裡很喜愛他，就向阿爾戈斯人射出惡毒的箭矢。遠射的天神的箭矢飛向亞該亞人的寬廣營地各處，將士們一個個地死去……明眸的亞該亞人用快船正把那女子送往克律塞斯，還帶去獻給阿波羅的禮物。傳令官從我的營

帳帶走了布里修斯（Briseus）的女兒，她原是亞該亞人的兒子們給我的贈禮（她替代克律塞伊絲，被帶給阿格門儂）。（第 1 卷第 375 行起）

失去了侍妾的阿基里斯拒絕參戰，在沒有阿基里斯的情況下，戰鬥繼續進行，甚至神祇也參與了戰鬥——此處是雅典娜與阿瑞斯的對戰

帕拉斯・雅典娜抓住鞭子和韁繩，駕馭著戰車迅速朝著阿瑞斯衝去。戰神阿瑞斯正在剝去強大的佩里法斯（Periphas）的盔甲，佩里法斯是奧克西奧斯（Ochesius）的兒子，最勇敢的埃托利亞戰士。雅典娜隱身於冥王黑帝斯的頭盔之下，所以阿瑞斯看不見她。然而阿瑞斯確實看見了戴歐米德斯，他拋下被自己殺死的佩里法斯屍體，直接衝向馴馬的戰士戴歐米德斯。

當他們在戰鬥中彼此接近的時候，阿瑞斯揮出了自己的青銅長矛……他確信自己已經奪去英雄戴歐米德斯的寶貴性命。但是雅典娜將長矛拍開，讓它飛過了戰車，沒有造成任何傷害。戴歐米德斯則向阿瑞斯回擲他的長矛，帕拉斯・雅典娜確保它刺入了阿瑞斯的腹部。阿瑞斯大聲吼叫，其巨響相當於九千或上萬人（然後他就逃跑了）。

特洛伊人和亞該亞人之間的戰鬥現在已經如火如荼地進行著，戰爭的浪潮在平原上來回洶湧。（第 5 卷第 840 行起）

希臘人請求阿基里斯的幫助

我們正面臨著災難,如果沒有你的幫助,我們可能會失去整支艦隊。特洛伊人及他們的盟友已經紮營在我們的船隊和城牆旁邊。他們認為現在已經沒有什麼可以阻止他們攻擊我們的船隻。宙斯用他的雷霆幫助他們,赫克特全副武裝,如狂戰士一樣狂怒……因此,即使現在已經很晚,請起身拯救那些在特洛伊人狂怒面前退縮的亞該亞人之子們……拯救亞該亞人免於毀滅!(第 9 卷第 222 行起)

阿基里斯回應希臘人

阿格門儂這狗崽子,甚至不敢和我照面。我對他無話可說也不想跟他一起做任何事情,因為他已經欺騙我,冒犯我。他不能再用言語引誘我;他做盡壞事。讓他舒舒服服去毀滅;聰明的宙斯已經剝奪他的智力。他的禮物看起來可憎可惡,我估計只值一根頭髮。

即使他把現有財產的 10 倍、20 倍給我,再加上從別的地方得來的其他的財產,連奧爾科墨諾斯(Orchomenos)或底比斯的財富一起……阿格門儂也不能勸誘我的心靈,在他賠償那令我痛苦的侮辱之前。(第 9 卷第 370 行起)

派特洛克羅斯穿著他的摯友阿基里斯的盔甲，重新召集了潰退的希臘人，但卻在決鬥中被赫克特所殺

車戰的派特羅克洛斯啊，你虛弱地對他說：「赫克特，現在你自誇吧！是克羅納斯之子宙斯和阿波羅把勝利給你，讓你戰勝我，他們很容易這樣做，剝去了我的盔甲。即使是 20 個同你一樣的人來攻擊我，他們也會全都倒在我的投槍下⋯⋯我再對你說句話，你要記住好思量。你無疑也不會再活多久，強大的命運和死亡已經站在你身邊，你將死在無瑕的阿基里斯的手下。」（第 16 卷第 790 行起）

赫克特與阿基里斯相遇

他揮劍猛撲過去，有如高飛的蒼鷹，那蒼鷹穿過烏黑的雲氣撲向平原，一心想捉住柔順的羊羔或膽怯的野兔，赫克特也這樣揮舞利劍衝殺過去。阿基里斯也衝殺上來，內心充滿力量⋯⋯夜晚的昏暗中金星太白閃爍於群星間，無數星辰繁燦於天空，數它最明亮，阿基里斯的長槍槍尖也這樣閃光輝。他右手舉槍為神樣的赫克特構思禍殃⋯⋯神樣的阿基里斯一槍戳中向他猛撲的赫克特的喉部，槍尖筆直穿過柔軟的頸脖⋯⋯阿基里斯見赫克特倒下這樣誇說：「赫克特，你殺死派特羅克洛斯無憂慮，見我長時間罷戰無驚無恐心安然，愚蠢啊，那裡還有一個比派特羅克洛斯強很多的人在，我還留在空心船前，現在我殺了你，惡狗飛禽將把你踐踏，亞該亞人卻將為派特羅克洛

斯舉行葬禮。」（第 22 卷第 260 行起）

普瑞阿摩斯親自請求阿基里斯歸還赫克特的屍體，阿基里斯心生憐憫

他們把贖取赫克特屍體的禮物取下，但是他們從中留下兩件披衫和一件織得很密的襯袍，以備把亡者包裹起來，交給人運回家。阿基里斯叫來僕役，吩咐給赫克特洗身體，塗上油膏，偷偷地不讓普瑞阿摩斯看見兒子，免得他見了心裡悲傷……阿基里斯把它抱起來放到屍架上，他的僕役同他一起把屍首搬到光滑的車子上。他於是大哭起來，呼喚好友的名字：「派特羅克洛斯，要是你在冥間得到音信，說我已經把赫克特還給他父親，請你不要生我的氣，因為他給我的贖禮並不輕。你應得的一份，我自會分給你。」（第 24 卷第 570 行起）

特洛伊城的陷落 ◇

即使在赫克特和阿基里斯都死在戰場之後，戰事也沒有稍事停歇，直到奧德修斯想出了他那條著名的詭計。現在大眾觀念中的「特洛伊木馬」已經有了新的內涵，現代詞彙中的「木馬」指的是一種電腦病毒，就像特洛伊木馬一樣，這種病毒會潛入受防火牆保護的區域，從裡面瓦解防線，將各種來自外界的惡意攻擊放進來。

　　當希臘人最終進入特洛伊城之後，人類對於惡毒殘暴的認知就被大大地刷新了，以至於連生活在幾千年之後的現代考古學家施里曼都能發現當年希臘人暴力破壞的痕跡。發生了一場針對男性人口的大屠殺，這本是意料中事，不過很多女性也被殺害了，而且她們並非都死於施害者的一時衝動。

希臘人犯下人神共憤的暴行 ◇

被當作人殉的波呂克塞娜：普瑞阿摩斯最小的女兒波呂克塞娜（Polyxena），被冷血地在阿基里斯的墓前割斷了喉嚨，當作人殉獻祭給死去的阿基里斯，因為希臘人相信正是波呂克塞娜把刀槍不入的阿基里斯的弱點告訴了帕里斯。因為此事，聶荛普勒摩斯也注定要死於非命（他死於阿格門儂的兒子奧瑞斯提亞之手）。

殺害嬰兒：為了斷絕赫克特的血脈，希臘人將赫克特還在襁褓中的兒子直接從特洛伊的城牆上扔下去。

瀆神：在對整座特洛伊城的無差別破壞中，狂怒的希臘人甚至連神廟都沒放過。

被強暴的卡珊卓：從希臘人自己的角度來看，最令人震驚的事件之一是阿賈克斯對卡珊卓的褻瀆性強暴。這位阿賈克斯

並不是我們之前所提過的那位英雄阿賈克斯，只是與他同名而已，有人將這位稱作「小阿賈克斯」（the lesser Ajax 或 Ajax Minor）。卡珊卓逃至雅典娜的神廟尋求庇護，緊緊地抱住了雅典娜的神像，當阿賈克斯強行將她拖走時，甚至連神像都一併拽倒了。隨後阿賈克斯就在被褻瀆的聖所中強暴了卡珊卓。

考慮到這位童貞女神一向對人們在自己的聖所中發生性行為懷著強烈的憤恨（參見梅杜莎的故事），更不要說被強暴的人還是在她保護之下的祈願者，雅典娜絕不可能對此坐視不管。驚惶的希臘人試圖透過當場將小阿賈克斯殺掉，與這起

後世文化藝術作品：特洛伊的陷落

後世以特洛伊的陷落為主題創作的作品，包括：提埃波羅（Giovanni Domenico Tiepolo）1773 年畫的〈特洛伊人迎接木馬入城〉（*The Procession of the Trojan Horse in Troy*），皮托尼（Giambattista Pittoni）約 1730-1734 年畫的〈獻祭波呂克塞娜〉（*The Sacrifice of Polyxena*），德考利（Louis de Caullery）的〈特洛伊焚城〉（*The Burning of Troy*）。巴黎杜樂麗花園收藏著米勒（Aimé Millet）1877 年創作的雕塑作品〈向雅典娜尋求庇護的卡珊卓〉（*Cassandra Seeking the Protection of Athena*）。美國威斯康辛州的萊克德爾頓（Lake Delton）還有一尊特洛伊木馬的巨型雕像。在歌劇領域，白遼士（Hector Louis Berlioz）1858 年創作的《特洛伊人》（*The Trojans*）敘述了特洛伊滅亡的故事以及阿伊尼斯的漂泊。

事件劃清界限，但他爬上自己剛剛褻瀆過的那尊雕像保住了性命。

天神的懲罰 ◇

我要叫我先前的仇敵特洛伊人高興，
給亞該亞人大軍一個痛苦的歸程。

——————尤里彼德斯，《特洛伊婦女》，雅典娜對波賽頓所說的話

　　希臘人在特洛伊城破城後犯下的暴行激怒了雅典娜和波賽頓，他們轉而報復自己先前保護的希臘人，除了少數行為最穩重克制的希臘人以外，誰都沒能逃脫懲罰。雅典娜和波賽頓收回對希臘人的保護，使得阿波羅和阿芙羅黛蒂也可以盡情對這些暴徒施以制裁。阿波羅一向以復仇像火般熾烈、不受約束而聞名，而阿芙羅黛蒂雖然沒那麼暴力和直接，但其手段的狠辣程度也絲毫不遜於阿波羅。幾乎沒有多少希臘人活著回到家鄉。遭受懲罰的包括下面幾位：

小阿賈克斯

　　不出意料，載著這個可憎強暴者的船隻在返航時遭遇了悲慘的命運，但熱中於吹噓的「英雄」還是艱難地爬到那顆撞毀船隻的石頭上，求得了一時的平安。他大聲吹噓自己從神的懲罰中都能保全性命，然後波賽頓便用三叉戟劈開了那塊巨石，而

雅典娜則用快如閃電的一擊，結束了他罪惡的生命。

阿格門儂

　　阿芙羅黛蒂對於報復阿格門儂尤感興趣。在她的影響下，阿格門儂的妻子在丈夫出外遠征時與埃吉士圖斯（Aegisthus）私通。克萊婷同時也因為自己的女兒伊菲吉妮亞的遭遇怨恨著阿格門儂。當回家後的阿格門儂在悠閒泡澡時，克萊婷用一張大網罩住阿格門儂防止他掙扎，然後用刀子了結他的性命。有些說法認為卡珊卓也是此時被克萊婷所殺。這一家族漫長的謀殺、強暴與亂倫的傳統，還將在阿格門儂的子女——奧瑞斯提亞和伊蕾特拉（Electra）身上延續。他們為了報父仇，合謀殺死了克萊婷和埃吉士圖斯。奧瑞斯提亞因而一直被復仇女神們追殺，直到雅典娜說服復仇女神們遵從人類法律的裁判（奧瑞斯提亞在法庭上被宣判無罪），雅典娜的這項偉業標誌著偉大

奧瑞斯提亞謀殺母親的情人埃吉士圖斯。

後世文化藝術作品：阿格門儂

阿格門儂和他家人的命運，同時為古代與現代的藝術家提供了靈感。索福克里斯曾經創作過悲劇《伊蕾特拉》。而在繪畫領域，梅（Bernardino Mei）1654 年畫了〈奧瑞斯提亞殺死埃吉士圖斯與克萊婷〉（*Orestes Slaying Aegisthus and Clytemnestra*），蓋蘭 1817 年則畫了〈克萊婷在刺殺熟睡的阿格門儂前猶豫〉（*Clytemnestra Hesitates Before Killing the Sleeping Agamemnon*）。

的文明勝利。

戴歐米德斯

戴歐米德斯在返鄉途中也經歷了幾次冒險，但卻一直被雅典娜庇護著。比如他所乘坐的船隻在對他懷有敵意的海岸上撞毀時，他險些被當地人獻祭給了戰神阿瑞斯，靠著雅典娜的庇護才逃離。在他返鄉後，卻發現愛神早已使他的妻子不忠；戴歐米德斯懷著對妻子的厭惡，再次遠走他鄉，最終死在義大利。阿芙羅黛蒂繼續保護著海倫，梅奈勞斯本來想殺死她，卻怎麼都無法下手。海倫在她那位報復心強的丈夫死後還活了很久。

史詩中的航海者

希臘人奧德修斯和特洛伊人阿伊尼斯都歷盡千辛萬苦才重返家園。奧德修斯一路都在尋找祖輩世代居住的家園和愛妻潘妮洛普，而阿伊尼斯則帶領著特洛伊的遺民建立了新的家園。

這兩位英雄漫長的返鄉之旅，近乎標誌著英雄時代的完結，這
正是我們下一章的主題。

9

返郷

　　希臘詩人荷馬的《奧德賽》（*Odyssey*）以及羅馬詩人維吉爾的《阿伊尼斯記》的故事，都發生在英雄時代的末期，而且這兩部史詩都是圍繞單一位英雄的經歷創作。兩部傳奇都是神話文學的傑作，同時也可以視為展現環地中海地區充滿魔力風貌的遊記。這兩本書都充滿著奇特的生物、富有異域風情的民族，還有一幅幅滿是奇觀與危險的圖景。我在本章將不會試圖拙劣地模仿荷馬與維吉爾卓越的文筆，而僅為他們筆下的神話旅程搭建一個整體架構，以便對這些神話的某些情節，比如奧德修斯在蓮花食者的國度的經歷，或是對阿伊尼斯與狄多（Dido）之間的戀情只有一些浮光掠影式印象的讀者，可以將這些片段置於恰當的脈絡之中。

奧德賽 ◇

請為我敘說，繆斯啊，那位機敏的英雄，
在摧毀特洛伊的神聖城堡後又到處漂泊，

見識過不少種族的城邦和他們的思想；

他在廣闊的大海上身受無數的苦難，

為保全自己的性命，使同伴們返家園。

但他費盡了辛勞，終未能救得同伴。

————————————————————————荷馬，《奧德賽》序章

　　既然沒有人能比奧德修斯在攻陷特洛伊上的功勞更大，所以這位機敏的英雄也該意識到，自己的返鄉之路想必不會一帆風順。阿波羅急切渴望復仇，即使是宙斯也被希臘人在特洛伊的暴行震怒。這一切都意謂著雅典娜在保護這位英雄時，必然會遇到強大的阻力。考慮到這些情況，與奧德修斯同行無疑近乎自殺，不過至少他的船員們能以極其多樣又不尋常的方式迎接自己命定的死亡。荷馬的敘事方式十分複雜，有許多倒敘和離題的插曲。如果把荷馬講述的故事按時間順序整理，奧德修斯和他同伴們的遭遇如下：

1. 客科涅斯人

他們人多又勇敢，居住在該國內陸地方，

善於從馬上和人廝殺，必要時也能徒步作戰。

他們在清晨時到來，多得有如春天的茂葉繁花。

————————————————————荷馬，《奧德賽》第 9 卷第 48 行

　　奧德修斯和他的同伴們返鄉路上停留的第一站是伊斯馬羅

斯（Ismaros）。奧德修斯的手下有著邁錫尼出身的希臘人一貫的低劣道德水準，所以他們登陸後立刻就攻擊了最近的城市——客科涅斯人（Cicones）的城邦。他們屠殺了男人和牲畜，把女人和財寶當作戰利品分給彼此。即使奧德修斯催促手下不要再沉浸於劫掠財物，但他的話顯然並沒有誰聽得進去。隨後附近村鎮的鄉民都拿起武器聚集起來向希臘人反擊，奧德修斯的手下雖然都是特洛伊戰場上久經戰事的老兵，不過還是損失慘重，不得不倉皇上船逃離。

2. 蓮花食者

他們一吃了這種甘美的蓮花，
就不想回來報告消息，也不想歸返，
只希望留在那裡，
享用蓮花，完全忘卻回家鄉。

—————————————————荷馬，《奧德賽》第 9 卷第 95 行

　　宙斯第一次表現出對這些希臘人的野蠻行徑的反感，用一陣強而有力的暴風雨使奧德修斯這支小艦隊遠遠偏離了原本的航道。艦隊的船帆被暴風雨撕成碎片，而船員們也喝光了船上的淡水，只好在北非海岸登陸尋找補給。他們在那裡碰到了蓮花食者（正如詩人丁尼生〔Alfred Lord Tennyson〕令人難忘地描述過的那樣），這個民族生活在「一片彷彿永遠處在下午的國度」。船員一旦食用了蓮花就會變得萎靡不振、目光呆滯，再

也不會思念家鄉和親人。奧德修斯最後只能用強制的方式才把船員拉回船上，還得施加身體痛苦，才能讓船員們獲得動力。被綁在船槳上的船員哭聲不斷，但艦隊終於再次啟航了。

3. 波利菲莫斯

那裡居住著一個身材高大的巨怪，
獨自一人於遠處放牧無數的羊群，
不近他人，獨據一處，無拘無束。

——荷馬，《奧德賽》第 9 卷第 189 行

　　這個怪物般的獨眼巨人是波賽頓的兒子，他生性暴戾，為了追求精靈嘉拉蒂（Galatea）曾經殺掉潘恩的一個兒子，那個倒楣的受害者原本是他的情敵。曾經有人警告他要小心奧德修斯，但當我們狡點的英雄誤打誤撞走進獨眼巨人的洞穴時，他謊稱自己的名字叫做「沒有人」。後來波利菲莫斯又殺死、吞掉了奧德修斯隨行的船員，於是奧德修斯找機會灌醉他，用一根木樁戳瞎了他的那隻獨眼。波利菲莫斯向他周圍的獨眼巨人族大喊「沒有人」戳傷了他，於是他們就安心回去繼續睡覺了。倖免的船員們在波利菲莫斯放羊時爬到了羊肚下，抱住山羊逃出了洞穴。奧德修斯因為傷害了波賽頓的兒子，諸多神祇敵人中又加了一位。

奧德修斯和船員們戳瞎獨眼巨人波利菲莫斯。

4. 風王埃歐洛斯

我們到達居住著
希波塔斯（Hippotas）之子、
天神們寵愛的埃歐洛斯，
在一座漂浮的島上，島嶼周圍矗立著
永不毀朽的銅牆和無比光滑的絕壁。

——————————————荷馬，《奧德賽》第 10 卷第 1 行

　　希臘神話中有好幾位名叫埃歐洛斯（Aeolus）的人物，不過荷馬筆下的這位埃歐洛斯是一位能夠駕馭風的國王，奧德修斯的船隊因為某些原因而無法前進，正好到達了他的國度。奧德修斯一如既往地魅力十足、討人喜歡，他在這裡被埃歐洛斯殷勤招待了一個月之久。之後埃歐洛斯又喚起一陣西風加快了奧德修斯的歸程，奧德修斯和手下幾乎被直接吹到了家鄉伊薩卡。臨行前，埃歐洛斯還送給奧德修斯一只緊緊密封的大袋子，奧德修斯的手下以為裡面一定全是金子，就趁他熟睡時打

開袋子想偷走一些。事實上，袋中裝的是餘下的東風、北風和南風，先前的旅途幾乎已經耗盡了所有的西風，於是這些被釋放出來的狂風將奧德修斯的艦隊又吹回了埃歐洛斯的島嶼。埃歐洛斯拒絕再次提供幫助，此時奧德修斯的怒火恐怕能抵消後來手下死去時的悲痛心情。

現代有很多充氣產品都以埃歐洛斯的名字命名，不過最著名的還是他的「風囊」（windbag），這詞如今已經成了形容人的詞彙（意指空口說白話的人），往往用於評論政治人物。

5. 萊斯特律戈涅斯人（The Laestrygones）

（他們如）叉魚般把人叉起帶回做駭人的菜餚。

——荷馬，《奧德賽》第 10 卷第 125 行

他們花了很長時間疲憊地划槳前進，終於來到了一個與外界隔絕的港口。奧德修斯和同伴很快就發現這其實是食人的巨人族設下的陷阱，他們會向山下的船隻投擲巨石，再用魚叉叉起落水的人類帶回去吃掉。只有奧德修斯自己乘坐的那條船倖免於難，因為謹慎的奧德修斯下令將船停在港口外，從而逃過了這場屠殺。

6. 色琦

她便用魔杖打他們，把他們趕進豬欄。

他們立刻變出了豬頭、豬聲音、豬毛
和豬的形體，但心智仍和從前一樣。

—————————荷馬，《奧德賽》第 10 卷第 240 行

　　色琦是太陽神海利歐斯的女兒，米諾陶洛斯的母親帕希法娥的姐妹。此外，她還是位法力高強的女巫。她下藥毒害了奧德修斯的船員們，然後將他們變成了豬——或者像維多利亞時代詩人韋伯斯特（Augusta Davies Webster）認為的那樣，她只是去掉了他們身上的人形偽裝。奧德修斯逃脫了被變成豬的命運，因為極少數還支持奧德修斯的神祇之一荷米斯給了他一株神聖的藥草，抵消了色琦藥劑的魔力。這根神聖的魔草被稱為「moly」，這可能是現代人驚呼時使用的「我的天啊！」（Holy moly!）的詞源。後來色琦就向奧德修斯屈服了，將自己交由他擺布。奧德修斯和他重現人形的同伴在色琦的島嶼歡宴享樂了一年之久，才重新起航。

7. 冥府

我的孩子，你怎麼仍然活著便來到
這幽冥的陰間？活人很難見到這一切。

—————————荷馬，《奧德賽》第 11 卷第 155 行

　　在色琦的指引下，這些不情願的冒險者向北來到了終年被迷霧環繞的基墨里奧伊人（Cimmerians）的國土。他們在那裡

狄瑞西亞斯、赫拉和宙斯

先知狄瑞西亞斯曾經被赫拉變成女人長達 10 年之久，後來才變回男兒身。赫拉曾經與宙斯爭論男性和女性到底哪一方能從性行為中得到更多的快感，狄瑞西亞斯被他們叫來做裁判。狄瑞西亞斯回答說，女性得到的快樂是男性的 10 倍。輸掉了爭論的赫拉（正如我們所知，她一向十分介意失敗）把狄瑞西亞斯戳瞎了，而宙斯則獎賞了他預言的天賦與極長的壽命，他死後在冥府也得到了波瑟芬妮的寵愛。

找到了冥府的一個入口，奧德修斯在這裡舉行了古老的召喚儀式，使自己能與死去的先知狄瑞西亞斯（Tiresias）對話。狄瑞西亞斯告訴他，波賽頓的敵意是他航海返鄉途中的最大障礙，不過奧德修斯還是必須盡快返鄉，因為他的妻子潘妮洛普被視為「寡婦」會招來一眾求婚人，這些求婚人會住在她家裡不走，直到將他們的全部家產吃光喝盡。

8. 賽蓮海妖

賽蓮海妖會用清亮的歌聲把他迷惑，
她們坐在綠茵間，周圍是腐爛的屍體的
大堆骨骸，還有風乾萎縮的人皮。

──────────────────────────荷馬，《奧德賽》第 12 卷第 45 行

一隻賽蓮海妖因歌聲無法誘惑奧德修斯落水而死。

色琦預先警告過奧德修斯這些怪物（參見第190頁）的危險，奧德修斯用蜜蠟封住了他船員的耳朵，然後下令讓船員把自己綁在桅杆上，以便安全地聽到賽蓮海妖的歌聲。

9. 喜拉和恰利底斯

她有 12 隻腳，全都空懸垂下，
伸著 6 條可怕的長頸，每條頸上
長著一個可怕的腦袋，有牙齒 3 層，
密集而堅固，裡面包藏著黑色的死亡。

―――――――――――――荷馬，《奧德賽》第 12 卷第 45 行
對喜拉的介紹，比恰利底斯更吸引人的選擇

奧德修斯在這裡將會做出一個艱難的抉擇：是冒著整船人被吞沒的危險經過恰利底斯（Charybdis）大漩渦，還是要從注定

要吃掉他手下 6 個船員的多頭怪喜拉（Scylla）面前經過。奧德修斯選擇了從他急劇減少的船員中再犧牲 6 名這條路。（雖然色琦曾經向奧德修斯警告過喜拉的危險，不過她似乎並沒有提到，當初正是她把喜拉從一名美麗少女變成了如今這個醜陋的怪物，因為她們曾經愛上同一個人。）

10. 太陽神的神牛

朋友們，快船裡儲有食品，也有飲料，
我們切勿動牛群，以免驟然降災禍，
這些牛和肥壯的牛群屬於可畏的神明
海利歐斯，他無所不見，無所不聞。

──────────荷馬，《奧德賽》第 12 卷第 320 行，奧德修斯向船員講話

　　奧德修斯的船隻接下來在一個放養著肥壯、油水豐富的牛群的島嶼登陸。儘管奧德修斯曾經徒勞地警告過他的船員不要去動那些神牛，但宙斯一直用逆風將他們的船困在這座島上，最終這群船員還是屈服於誘惑，殺死了神牛，在剩下的日子裡一直食用牛肉。太陽神海利歐斯陷入暴怒之中，他威脅除非天神為他死去的牛群復仇，不然他將不再讓太陽照耀大地。宙斯立刻用一片雷雲罩住了奧德修斯的船隻，讓狂風將船隻與奧德修斯的全部船員打成了碎片。

11. 卡麗騷

思鄉心切的英雄奧德修斯被困在
一個雜木叢生、四面環海的島嶼上，
它位於大海的正中央，四周沒有
任何人跡。不幸的英雄沒有任何朋友陪伴，
只有生活在洞穴中高貴的神女執意阻留。
然而她溫柔繾綣的話語也不能讓英雄
忘記妻兒與遙遠的故國，伊薩卡。

―――――荷馬，《奧德賽》第 1 卷第 44 行

在這場滅頂之災中只有奧德修斯一個人活了下來，他抓住被風暴撕裂的艦船碎片，最終漂流到了精靈卡麗騷（Calypso）居住的島嶼。卡麗騷因為曾在神祇與泰坦之戰中幫助過她的父親阿特拉斯，而被幽禁在這座島上，兩個人之間立刻擦出了火花，他們還生下一個兒子。然而奧德修斯卻從來沒有停止對家鄉和妻兒的思念。他在島上停留了 7 年之久，後來是雅典娜請求宙斯對卡麗騷施壓，他才得以重獲自由。失去了奧德修斯的卡麗騷陷入絕望，不過可能後來她還是從這個打擊中走了出來，因為加勒比海地區有一種迷人的民謠就是以她的名字命名。另外卡麗騷也是木星的一顆衛星（木衛十四）。

12. 瑙西卡

奧德修斯也這樣走向美髮的少女們，

不顧裸露的身體，情勢逼迫不得已。

他渾身被海水染汙，令少女們驚恐不迭，

個個顫抖著沿突出的海岸四散逃竄。

唯有阿爾辛諾斯（Alcinous）的女兒留下。

————————荷馬，《奧德賽》第 6 卷第 127 行

　　波賽頓看到奧德修斯在海面上出現，心中不禁湧起一種惡意的滿足感，他立刻撼動海浪打算掀翻奧德修斯的小船。在暴雨和海浪的傾覆下，奧德修斯的小舟被打得粉碎。即使有雅典娜竭盡全力的保護，奧德修斯也只是勉強保住了性命。渾身赤裸、筋疲力盡的奧德修斯被拋到了一片陌生的海灘上，直到清晨他才被瑙西卡（Nausicaa）公主和侍女們嬉鬧的聲音喚醒。儘管侍女們一看到奧德修斯就嚇得四散逃竄，但年輕的瑙西卡公主卻保持著理智，並沒有跑開。因為她原本就打算帶著侍女來海邊洗衣服，所以奧德修斯很快就穿上了乾淨的衣服。瑙西卡的父親用美酒和宴席招待了奧德修斯，而奧德修斯則在席間講述自己一路歷險的許多故事（奧德修斯的回憶占了《奧德

瑙西卡遇見渾身赤裸的奧德修斯。

賽》的很多篇幅）。然後國王為他準備了一艘快船載著他安全
返鄉。

伊薩卡 ◇

這時我看見奧德修斯在屍體中間
昂然站立，一具具屍體在他周圍
橫陳硬地，你見此情景也定會歡欣。

────荷馬，《奧德賽》第 23 卷第 45 行，奶媽向潘妮洛普講述

　　與此同時，奧德修斯的妻子潘妮洛普也遇到了麻煩。因為奧
德修斯已經多年杳無音信，很可能在神譴中死於風浪，所以他
的宮殿中現在到處都是潘妮洛普的追求者，他們不只掌控了宮
殿，還掌控了伊薩卡的統治權。

　　儘管奧德修斯的兒子特勒馬庫斯（Telemachus）滿懷酸澀地
對這些追求者提出了抗議，但這些追求者照舊濫用著希臘傳統
的賓客之儀，用永無休止的歡宴與狩獵賴在奧德修斯的宮殿不
肯離開。潘妮洛普把自己關起來日復一日地紡線，宣布只要她
完成一幅掛毯，就會在追求者之中選定配偶。為了無限期地拖
延這個不幸的時刻，她每晚都會拆掉白天紡好的線頭。

　　奧德修斯經過了長達 10 年危機四伏的旅程後，變得格外謹
慎，他在打探好自己國土的情況之前，並不打算唐突地宣布自
己的歸來。特洛伊戰爭與之後 10 年苦難的風霜摧殘使他變得

織機旁的潘妮洛普。

形銷骨立，除了他忠誠的獵犬以外沒有任何一個人認出他。雅
典娜又將他變得更加衰老，以增強他喬裝的效果。

　　特勒馬庫斯前往斯巴達去尋求他父親的音信，受到了重歸於
好的海倫與梅奈勞斯的盛情款待。這對曾經決裂的夫妻如今看
上去家庭一片和諧。在雅典娜通知他返鄉之後（連帶著還避開
了那些追求者在路上的伏擊），他與自己的父親重新相認，還
準備與父親一起向追求者尋求報復。奧德修斯偽裝成乞丐回到
了自己家中，遭到追求者的嘲笑。奧德修斯和特勒馬庫斯、潘
妮洛普一起安排一場射箭競賽，特勒馬庫斯乘機收走了追求者
的武器。這場比賽最終成了一場鬧劇，因為比賽指定使用的弓
是奧德修斯曾用過的硬弓，沒有一個追求者能成功拉動弓弦。

　　輪到奧德修斯上場參賽時，四周響起一片嘲諷的笑聲。然而
在他拉動弓弦並一發命中紅心之後，追求者的笑聲就戛然而止
了。之後，他立刻開始用弓箭射殺在場的追求者，直到用盡了
所有的箭才肯罷休。特勒馬庫斯和一些農民也加入屠殺，最終
總共有一百多位追求者當場被殺死。

尾聲 ◇

　　奧德修斯和雅典娜不得不兼用威脅和交涉手段才制服了眾多追求者憤怒的家屬。直到奧德修斯向她描述自己親手做成的那張床之後，潘妮洛普才終於與奧德修斯相認。後來他們就此安頓下來，幸福地度過了餘生。也有的說法稱奧德修斯後來又再度出航，然後過程中被他和色琦所生的兒子在尋父時誤殺。

後世文化藝術作品：奧德修斯（尤里西斯）

《奧德賽》曾被不同的藝術家多次闡釋。下面按照神話故事發生的時間順序，我將為你們舉出一些經典的作品：約丹斯（Jacob Jordaens）約 1660 年畫的〈波利菲莫斯洞穴中的尤里西斯〉（*Ulysses in the Cave of Polyphemus*）；華特豪斯（J. W. Waterhouse）1891 年畫的〈向尤里西斯遞杯的色琦〉（*Circe Offering the Cup to Ulysses*）；卡斯蒂廖內（Giovanni Benedetto Castiglione）1650 年代畫的〈色琦把尤里西斯的手下變成野獸〉（*Circe Changing Ulysses' Men into Beasts*）；德雷珀 1909 年畫的〈尤里西斯與賽蓮海妖〉（*Ulysses and the Sirens*）；勃克林（Arnold Böcklin）1883 年畫的〈奧德修斯與卡麗騷〉（*Odysseus and Calypso*）；平圖里喬（Pintoricchio）約 1509 年畫的〈潘妮洛普與求婚人〉（*Penelope with the Suitors*）；德基里科（Giorgio de Chirico）1968 年畫的〈尤里西斯的歸來〉（*The Return of Ulysses*）；普里馬蒂喬（Francesco Primaticcio）1545 年畫的〈尤里西斯與潘妮洛普〉。尤里西

斯還活躍在喬伊斯（James Joyce）於 1914-1921 年分篇發表的同名長篇小說《尤里西斯》（*Ulysses*）中。（這本小說的〈瑙西卡〉一章曾經被指控描寫淫穢。）那些先前並不瞭解奧德修斯傳說的人，恐怕要比那些已經對此有所瞭解的人，還要更難理解這部西方文學史上的巨著。

平圖里喬畫中被追求者包圍的潘妮洛普。

《阿伊尼斯記》 ◇

天神不容他，殘忍的朱諾不忘前仇，
使他一路上無論陸路水路都歷盡了顛簸。
他還必須經受戰爭的痛苦，才能
建立城邦，把故國的神祇安放在拉丁姆（Latium）。

————————維吉爾，《阿伊尼斯記》第 1 卷第 3-7 行

儘管《奧德賽》與《阿伊尼斯記》的寫作時間相距千年，不過這兩部史詩中出現的風土人物都屬於同個時代，所以可以說

奧德修斯是與阿伊尼斯同時在地中海上遊蕩——而且他們的確差點在西西里島相遇。兩本書都可以粗略劃分為 12 個篇章，《阿伊尼斯記》前半部分描述了他在各地的漫遊，而後半部則描繪他在一個遙遠的國度中建立新家園的艱辛與期間發生的流血衝突。和《奧德賽》一樣，《阿伊尼斯記》是從故事的中段開始敘述，而且中間插入很多倒敘，所以維吉爾的史詩也不是按照時間順序敘述，我們在下文中為了保留維吉爾優雅的韻文，忍痛捨棄時間發生順序。

1. 逃離特洛伊

有什麼語言能描述這天晚上的屠殺和死亡呢？
提到這天晚上的苦難，眼淚是哭不完的。
多年來稱雄的古都滅亡了。

──────────────維吉爾，《阿伊尼斯記》第 2 卷第 360 行

當希臘人透過木馬計攻破了特洛伊的城牆後，阿伊尼斯還在英勇地與希臘人戰鬥。直到阿芙羅黛蒂（在下面的敘述中，我們將依照維吉爾的說法，改稱她為維納斯）制止了他，勸他此時首先應該拯救家人。阿伊尼斯背著年老的父親安紀塞斯（Anchises），兒子阿斯坎紐士（Ascanius）也抱著他的腿，逃出燃燒的特洛伊城。後來，他又折返去救自己的妻子克瑞郁莎，但這時她已經被殺死了。他首先召集了一小隊與他一起流亡的同伴，然後組織一支小型艦隊，就此逃離了特洛伊海岸。

阿伊尼斯帶著老父和兒子逃離特洛伊城。

2. 地中海航行

我們等候和風吹拂大海，
海上航行已經安全可靠，
低聲細語的輕風在召喚我們下海，
我和夥伴們就立刻聚集到海邊，
把船拖到海裡。

————————維吉爾，《阿伊尼斯記》第 3 卷第 69 行

　　起初特洛伊人想在色雷斯重新建立自己的城市，但後來卻得到了不祥的徵兆，於是他們啟程轉而前往克里特島。接下來，他們打算在後來的帕加馬城的位置重新建城，但（在與鳥身人面怪發生衝突之後）阿伊尼斯受到了神啟，決定向西前往義大利定居。他們偷偷繞過希臘半島後，在希臘西部的布特林特（Buthrotum）登陸，這座城市現在由另一位特洛伊流亡者海

倫諾斯（Helenus）統治，他在赫克特死後與安德柔瑪姬結為連理。海倫諾斯警告了他們恰利底斯和喜拉的危險，建議他們繞路而行，於是他們抵達了獨眼巨人族的島嶼。他們在這裡收留了很多奧德修斯的船員，這些船員是奧德修斯從波利菲莫斯逃跑時，被遺棄在這裡的。接下來，阿伊尼斯的船隊到達了西西里島，安紀塞斯在這裡去世。他們還沒來得及在亡者葬禮上舉辦競技紀念安紀塞斯，就被一陣大風吹到了北非。

3. 狄多

狄多是這個國度（迦太基）的女王，
她放棄了在推羅（Tyre）原本屬於她的王位，
來逃避兩個居心不良的兄長的暗算。
她所經受的災厄多到只憑言語都不能說盡。

――――――――――維吉爾，《阿伊尼斯記》第 4 卷
維納斯對阿伊尼斯所說的話

　　狄多是從腓尼基（Phoenicia）逃難的女王，她此時正忙於興建後來的迦太基城（儘管某些非要掃興的現代考古學家指出，最早有人在迦太基定居也是幾個世紀之後的事了）。女王殷勤地款待了特洛伊的遺民，但最後卻成為朱諾（赫拉）與維納斯之間宿怨的犧牲品。朱諾是狄多和迦太基的保護人，她向維納斯提議要讓阿伊尼斯和他麾下的特洛伊人在迦太基定居。因為朱諾知道這樣就能阻止羅馬的建立，還能避免迦太基城在後世的毀滅。狄多陷入對阿伊尼斯的迷戀，最終在一處洞穴與阿

伊尼斯發生了關係，但隨後墨丘利（荷米斯）就出現了，嚴肅地提醒阿伊尼斯，他還肩負著帶領特洛伊人在義大利重新建城的命運，於是一向服從神旨的阿伊尼斯便準備起航遠行。女王對自己愛人的離去感到極度絕望。史詩在狄多的死中達到了高潮，她為自己準備了葬禮的火堆，然後一邊為死去的戀情殉葬，一邊用滔滔不絕、富有想像力的生動語言詛咒著阿伊尼斯與他的後代子嗣。

4. 西西里島

祝福你，神聖的父親
再一次祝福你……
現在你已成了鬼魂、灰燼和幽靈，
我不能和你一起去尋找義大利的疆土、
命運注定給我們的土地了。

————————————維吉爾，《阿伊尼斯記》第 5 卷第 80 行
阿伊尼斯為安紀塞斯舉行葬禮時的致辭

　　特洛伊人回到了西西里島，為死去的安紀塞斯舉辦葬禮和競技大會。朱諾在這時又企圖再次破壞羅馬城的建立，她說服特洛伊的婦女，使她們想要定居於西西里島，這些女人甚至燒掉船隻來阻止男人們繼續前行。儘管阿伊尼斯粉碎了她們的企圖，但還是有些特洛伊人選擇留在西西里島。

　　阿伊尼斯與他們含淚告別後，就栽進朱諾為他準備的一場暴風雨。儘管涅普頓（波賽頓）也非常厭惡特洛伊人，但他顯然

更厭惡其他神在自己的管轄範圍施加影響，為了表示對朱諾的不滿，他還是讓阿伊尼斯的船隊安全地登陸了。

5. 登陸

在一棵枝葉茂密的樹裡，
藏著一條黃金的樹枝，
它的葉子和枝椏也是黃金的。

────────────────維吉爾，《阿伊尼斯記》第 6 卷第 146 行

　　阿伊尼斯登陸的地方矗立著戴達洛斯為死去的兒子伊卡里斯建造的紀念碑，他們從囚禁他們的米諾斯王（參見第 209 頁）的宮殿飛了出來，但伊卡里斯卻在途中殞命。阿伊尼斯在這裡向一位女先知西比爾（Sibyl）詢問接下來的命運，卻被告知「我看見了戰爭，可怕的戰爭，多少人的血將染紅臺伯河」。接下來西比爾告訴阿伊尼斯，他必須啟程前往冥府（這倒不是什麼難事，畢竟人終有一死），然後再從冥府返回（顯然這就很難做到了）。為了逃離冥府，他必須首先在樹林中採到一棵金枝作為送給波瑟芬妮的獻禮。

　　弗雷澤爵士（Sir James George Frazer）寫於 19 世紀晚期和 20 世紀早期的《金枝》（The Golden Bough），是一本研究神話、巫術與宗教的劃時代著作，書名就是取自於此。這個神話還為透納（J. M. W. Turner）在 1834 年創作的繪畫作品〈金枝〉提供了靈感。

6. 冥府

女王啊，我不是出於自願才離開妳的國土啊！
是神的命令強迫我這樣做的，
同樣是神的命令迫使我來到這鬼影幢幢的冥界，
這荒涼淒慘的地方，這黑夜的深淵；
我沒有料想我的出走竟給妳帶來如此沉重的痛苦。

—————————————維吉爾，《阿伊尼斯記》第 6 卷第 460 行

　　儘管在卡戎那裡遇到了些麻煩，但阿伊尼斯最終還是得以進入了亡者的世界。與大約也在此時來過冥府的奧德修斯一樣，他也見到了那些特洛伊戰爭時的舊識。他在冥府中見到了父親，還與曾經的戀人狄多尷尬地相遇。安紀塞斯向他介紹了他以後的羅馬後代，這其中就有羅穆路斯與凱撒大帝，他們的前世此時正等待著重返人間（參見第 65 頁）。

7. 到達拉丁姆

我們所求的只是一塊小小的地方安放
我們祖國的神祇，一個安身之地，
我們並不想危害他人，
只想得到人人可得的水和空氣。

————————維吉爾，《阿伊尼斯記》第 7 卷第 227 行，懇求拉丁諾斯國王

特洛伊人經過色琦居住的島嶼之後，到達臺伯河河口，這裡是由拉丁諾斯國王（King Latinus）統治。拉丁諾斯有一個名為拉維妮亞（Lavinia）的女兒，曾經有預言指稱會因她而爆發極大的衝突。拉丁諾斯國王因此急切地想把她和隨之而來的麻煩交到外人手中，打算把她嫁給一個和自己關係越遠越好的人。到目前為止，唯一的適婚人選只有一個名叫突諾斯（Turnus）的拉丁英雄，被稱作「義大利的阿基里斯」。儘管自己的女兒命中注定會帶來麻煩，但拉丁諾斯還是敏銳地發現，如果讓她與突諾斯成婚，這位潛在的王位競爭者就會獲得合法權利。所以當拉丁諾斯聽說特洛伊人正在為自己喪偶的領袖尋找妻子時，他就迫不及待地想借機擺脫掉這個容易招惹是非的女兒了。

8. 戰爭（第一階段）

請看，我已經挑起了不和，
發動了殘酷的戰爭。

──────維吉爾，《阿伊尼斯記》第 7 卷第 549 行，阿勒陀答覆朱諾

朱諾看到預言中羅馬城的誕生越來越接近現實，於是加大了對阿伊尼斯的阻攔力度。她挑唆突諾斯和拉丁諾斯的妻子阿瑪塔（Amata），要他們站出來反對阿伊尼斯與拉維妮亞的婚事，又進一步派復仇女神中的阿勒陀去挑撥拉丁原住民與特洛伊人之間的關係。儘管拉丁諾斯反對，但他的人民還是與特洛伊人

開戰了。此時，特洛伊戰爭中的希臘英雄戴歐米德斯也來到義大利，突諾斯便邀請他與自己昔日的敵手再戰，向他指出特洛伊人拐騙女人成性，這次又偷走了自己的未婚妻拉維妮亞。

9. 伊凡德

他又把阿伊尼斯領到⋯⋯卡皮托（Capitol），
現在是一派黃金屋頂，
而當初卻是灌木荊棘叢生的地方。

————————————維吉爾，《阿伊尼斯記》第 8 卷第 350 行
伊凡德向阿伊尼展現羅馬城址的未來

　　阿伊尼斯轉而向阿卡迪亞人（Arcadians）的國王伊凡德（Evander）尋求幫助。伊凡德是墨丘利（荷米斯）的兒子，而荷米斯是這些羅馬創立者最重要的保護神之一。除此之外，阿伊尼斯和伊凡德的家系都能追溯到阿特拉斯，他們算是遠親。不過，其實英雄時代有一半的英雄都宣稱阿特拉斯是自己的祖先，因此阿伊尼斯主要還是把希望放在伊凡德與拉丁諾斯一向的敵對立場。伊凡德建議阿伊尼斯勸說伊特拉斯坎人加入結盟，而維納斯送給阿伊尼斯一套自己的丈夫霍爾坎（赫費斯托斯）鑄造的盔甲來干預戰事。

　　在維納斯為阿伊尼斯贈送裝備時，朱諾則派伊莉絲（與親羅馬的墨丘利不同，她顯然是一位對特洛伊懷有敵意的信使神）去見突諾斯。她建議突諾斯趁阿伊尼斯不在時突襲特洛伊人的

營帳。好戰的女王卡蜜拉（Camilla）也加入了突諾斯建立的反特洛伊同盟，這位女王的形象顯然有著濃郁的亞馬遜色彩。

10. 戰爭（第二階段）

你們這些兩次淪為亡國奴的特洛伊人，
這是你們第二回受到圍困，龜縮在營寨裡，
想靠一堵牆來求得不死，你們不覺得害臊嗎？

——————————維吉爾，《阿伊尼斯記》第 9 卷第 598 行

　　當拉丁人攻擊特洛伊營壘無功而返時（10 年特洛伊戰爭的歷練使這些老兵非常擅長守衛防禦工事），突諾斯轉而打算燒毀特洛伊人的艦船，這使得眾神之母瑞雅大為震怒，因為特洛伊人的艦船是用她聖林的木材所造。面對拉丁人對營壘的攻擊，特洛伊人展開了一場大膽的突襲。儘管突諾斯像惡魔一樣在戰場上廝殺，但還是無法打破特洛伊人的防禦。阿伊尼斯的兒子阿斯坎紐士在戰場上十分英勇，但阿波羅擔心這位未來羅馬民族的祖先會遭遇不測，還是讓他退出戰鬥。回到奧林帕斯山的朱庇特，必須要面對維納斯和朱諾雙方情緒激動的請願。於是他選擇不插手這場戰鬥，任由戰場上的廝殺自然定出勝負。

　　在阿伊尼斯帶回了伊特拉斯坎援軍之後，戰爭的形勢發生了改變，如今的戰事變成了荷馬筆下那種真正意義上的血戰：英雄間兵刃相接，剎那間雙方都會產生大量傷亡。就像赫克特殺死阿基里斯的摯友派特羅克洛斯一樣，突諾斯也殺死阿伊尼

斯的摯友巴拉斯（Pallas），巴拉斯是伊凡德的兒子。為了讓突諾斯逃出阿伊尼斯因而產生的怒火，朱諾將突諾斯引離了戰場，但拉丁人失去統帥，頓時陷入大亂，被特洛伊軍隊擊潰。

11. 和談

你們千萬不要再逼我去打這種仗了……
你們去和阿伊尼斯握手媾和吧，
這是可以的，但要避免武裝衝突。

──────────維吉爾，《阿伊尼斯記》第 11 卷第 260 行
戴歐米德斯對拉丁人提出的建議

　　阿伊尼斯用隆重的葬儀將巴拉斯的遺體火化，然後向拉丁人提出了條件。戴歐米德斯此時也派來了信使，表示先前與特洛伊人的戰爭使他內心十分痛苦，他並不想插手這次拉丁人與特洛伊人之間的戰爭。突諾斯回到了拉丁人之中，重新召集軍隊，恢復了短暫中止的戰事。

12. 戰爭（第三階段）

這是我應得的下場，我也不求你饒我，
你就享受你的幸運吧。

──────────維吉爾，《阿伊尼斯記》第 12 卷第 930 行
突諾斯對阿伊尼斯所說的話

卡蜜拉繼續在她的保護神戴安娜（阿特蜜斯）的庇護下，在特洛伊軍中大殺四方。但卡蜜拉戰死之後，拉丁人的攻勢就被擊退了，戰鬥陷入了膠著。為了一勞永逸地決定雙方的命運，突諾斯向阿伊尼斯發起一對一的單挑。不過，對突諾斯來說不幸的是，朱庇特與朱諾已經達成協議，羅馬城依舊將會建立，而朱諾也不會再為難特洛伊人，但朱諾要求阿伊尼斯和他的子民們必須與拉丁人為友，並且從此也以「拉丁人」這個名字自稱。隨著他們約定的確立，突諾斯的命運也在此刻畫上了句點。在突諾斯死後，整篇史詩就完結了。

尾聲 ◇

海克力斯的子孫

海克力斯（赫丘利）生下了眾多子孫，甚至這些子孫自己就構成了一個族裔。他們被驅逐離開了自己的家園，於是就前往德爾斐請求神諭，神諭宣稱他們必須要等到「第三次的莊稼成熟」時才能奪回故土。「第三次的莊稼」指的是海克力斯的第三代子孫，他們隨後用火與劍征服了整個希臘，然後瓜分了希臘的國土。

海克力斯子孫返鄉的神話，有時會和歷史上的「多利安入侵」相連，這段歷史本身就有很多爭議。有種觀點認為，是北

後世文化藝術作品：阿伊尼斯

普塞爾（Henry Purcell）於 1689 年首演的《狄多與阿伊尼斯》（*Dido and Aeneas*）是英國歌劇史上最偉大的傑作之一。正如我們以下將看到的那樣，大航海時代喚醒了關於阿伊尼斯流亡初期那些航海故事的記憶，其中包括：薩基（Andrea Sacchi）於 1600 年代畫的〈狄多之死〉（*The Death of Dido*）；普雷蒂（Mattia Preti）1630 年代畫的〈阿伊尼斯帶著安紀塞斯和阿斯坎紐士逃離特洛伊城〉（*Aeneas, Anchises and Ascanius Fleeing Troy*）；洛漢 1675 年畫的〈阿伊尼斯在帕拉廷登陸〉（*The Landing of Aeneas at Pallanteum*）和 1676 年畫的〈阿伊尼斯和狄多在迦太基〉（*Aeneas and Dido in Carthage*）；佩里爾（François Perrier）1646-1647 年

洛漢畫中的阿伊尼斯在義大利登陸。

> 間畫的〈與同伴攻擊鳥身人面怪的阿伊尼斯〉（*Aeneas and his Companions Fighting the Harpies*）；焦爾達諾（Luca Giordano）於 1600 年代畫的〈阿伊尼斯與突諾斯〉；提耶波羅 1757 年畫的〈阿伊尼斯把裝扮成阿斯坎紐士的丘比特引見給狄多〉（*Aeneas Introducing Cupid Dressed as Ascanius to Dido*）；透納 1815 年畫的〈狄多女王建立迦太基〉（*Dido Building Carthage*）。

部多利安人的入侵滅亡了邁錫尼文明，希臘就此被拖入了黑暗時代，而幾個世紀後出現的文明對之前這個時代只保留了模糊的記憶，於是他們就將這段記憶收錄進神話之中。

羅穆路斯和雷默建立羅馬

　　阿伊尼斯和拉維妮亞生下的孩子，後來在一座名叫阿爾巴朗格（Alba Longa）的小城定居。不過很多歷史學家認為這座城鎮是前特洛伊人建立羅馬城之前的暫時落腳處，而羅馬城則剛好是在特洛伊城陷落的 300 週年當天建立。羅馬建城神話的真實性在歷史學家中引發了巨大的爭議。

　　在神話色彩最濃重的一個版本中，相傳戰神瑪爾斯曾經粗暴地誘姦了一位被廢黜國王的女兒，這位維斯塔處女後來生下了雙胞胎羅穆路斯與雷默。兩個嬰兒被裝在籃子裡扔進了臺伯河，一隻母狼在未來的羅馬城址上發現了這兩個嬰兒，然後一直用自己的奶水哺育他們，直到一個名叫福斯圖魯斯

（Faustulus）的牧羊人發現，解救了這兩個孩子，他們一直被牧羊人撫養長大。

一向講求實際的羅馬人感到這樣的傳說難以接受，而另一個版本的傳說則宣稱所謂的「戰神瑪爾斯」其實是當時的國王，他戴著掩飾自己身分的頭盔強暴了政敵的女兒。所幸當時的民意保護了被強暴的維斯塔處女與她生下的嬰兒，使他們免受被處決的命運。這對嬰兒被交給了一個牧羊人，由他以賣淫為生的妻子撫養（拉丁語的 lupa，既有「母狼」也有「妓女」的意思）。

不過在兩個版本的神話中，羅穆路斯和雷默長大後都發現了自己的真正出身，然後召集當地青年組成一支小軍隊，推翻偽王，將他們的外祖父重新迎上阿爾巴朗格的王位。然後他們召集當地青年，一起出發建立了後來的羅馬城。

大多數歷史學家都認為聽起來更骯髒卻更真實的那個版本完全是捏造出來的，但有些人則指出，如今出土的一些考古文物證明了這個神話的一些要素。如果真相是兩個神話版本之間沒有清楚的界限，那麼可能的是，西元前 753 年 4 月 21 日的那個清晨永久地改變了一切，神話就此終結，而歷史則自此開端。

延伸閱讀 ◇

如今獲取這些偉大神話史詩的實體書已經變得十分容易，荷馬史詩中的《伊利亞特》和《奧德賽》都發行了平裝本，比如企鵝圖書（Penguin）2003 年出版的《伊利亞特》，由 E.V. 里烏（E. V. Rieu）翻譯，彼得·瓊斯（Peter Jones）校訂，以及 2006 年出版的《奧德賽》，由羅伯特·菲格爾斯（Robert Fagles）翻譯，伯納德·諾克斯（Bernard Knox）校訂，都是非常好的選擇。

若想要以更原汁原味形式閱讀（並且希望有古希臘文對照），可以選擇洛布（Loeb）古典叢書系列，《奧德賽》是這套叢書中的 104、105 號，哈佛大學出版社於 1919 年出版，由 A.T. 默里（A. T. Murray）翻譯，喬治·E. 迪姆柯克（George E. Dimcock）校訂，而《伊利亞特》則是叢書中的 170、171 號，哈佛大學出版社於 1924 年出版，由 A. T. 默里翻譯，威廉·懷亞特（William Wyatt）校訂。

你也可以在網路上找到不再有版權的譯本。還有一些書籍包含著神話中的珍貴情節，這當中就有海希奧德的《工作與時日神譜》（*Theogony and Works and Days*），這本書是牛津大學出版社於 1999 年出版，由 M. L. 韋斯特（M. L. West）翻譯（這個版本還為那些對古典學瞭解不夠充分的讀者提供了注釋與闡釋）。

現代社會對神話有種誤解，認為大部分重新闡述神話的書籍都是寫給小孩子看的，不過那些想要尋找易懂的神話書籍的成年人可能會喜歡新美國叢書（New American Library）於 2003 年出版，由理查·P·馬丁（Richard P. Martin）主編的《古希臘人的神話傳說》（*Myths of the Ancient Greeks*），或企鵝圖書於 1990 年出版的羅伯特·格雷夫斯的（Robert Graves）《希臘神話》（*The Greek Myths*）。

還有一些書籍也對神話進行了整體的歸納：

Lucilla Burns, *Greek Myths* (British Museum Press, 1990)

Richard Buxton, *The Complete World of Greek Mythology* (Thames & Hudson, 2004)

Paul Cartledge (ed.), *The Cambridge Illustrated History of Ancient Greece* (Cambridge University Press, 2002)

Malcolm Day, *100 Characters from Classical Mythology* (Barrons & A. & C. Black, 2007)

Jane F. Gardner, *The Roman Myths* (British Museum Press, 1993)

Bettany Hughes, *Helen of Troy* (Cape & Knopf, 2005)

Mark P. O. Morford & Robert J. Lenardon, *Classical Mythology* (8th ed., Oxford University Press, 2007)

還有不可或缺的：

William Smith, *Dictionary of Greek and Roman Biography and Mythology* (London, 1894)

圖片出處 ◇

本書中所有線描圖都來自 19 世紀文獻。

Alinari Archives 16, 59; D.A.I., Athens 251; Antikensammlungen, Basel 205; Staatliche Museen Preussischer Kulturbesitz, Berlin 189; Museum of Fine Arts, Boston 139, 148, 163, 165; National Gallery of Scotland, Edinburgh 123; Galeria degli Uffizi, Florence 22; Kestner Museum, Hanover 1; Landesmuseum, Kassel 138; Archiepiscopal Castle, Kremsier 117; British Museum, London 209, 210, 217, 242, 289; National Gallery, London 144, 226, 294; Royal Academy of Arts, London 308; Tate, London 102, 182; Museo del Prado, Madrid 27, 136; Staatliche Antikensammlungen, Munich 30, 50, 246, 292; Gallerie Nazionale di Capodimonte, Naples 200; Museo Archeologico Nazionale, Naples 2, 53, 71, 125; Metropolitan Museum of Art, New York 22, 181; Ashmolean Museum, Oxford 42; Cabinet des Médailles, Bibliothèque Nationale de France, Paris 223; Musée du Louvre, Paris 41, 63, 75, 83, 107, 110, 119, 167; Musée d'Orsay, Paris 193; D.A.I., Rome 177; Scala, Florence 29; Musei Vaticani, Vatican City 40, 160, 192, 223, 257; Earl of Pembroke's Collection, Wilton House, Salisbury 154; Martin von Wagner Museum, Würzburg 266, 296

譯名對照 ◇

阿凱烏斯（Achaeus）

阿刻戎河（River Acheron）

阿基里斯（Achilles）

阿克瑞希斯（Acrisius）

阿克泰翁（Actaeon）

阿德梅托斯（Admetus）

阿多尼斯（Adonis）

阿德拉斯托斯（Adrastus）

伊帖斯（Aeëtes）

愛琴斯（Aegeus）

神盾（the Aegis）

埃吉士圖斯（Aegisthus）

艾格勒（Aegle）

埃吉塔斯（Aegyptus）

阿伊尼斯（Aeneas）

埃歐洛斯（Aeolus）

埃吉婭（Aergia）

以太（Aether）

艾達拉（Aethra）

阿格門儂（Agamemnon）

阿格萊亞（Aglaia）／查莉絲
　　（Charis）：美儀三女神之一

阿賈克斯（Ajax）

小阿賈克斯（Ajax Minor）

阿瑟緹絲（Alcestis）

阿爾辛諾斯（Alcinous）

阿柯美娜（Alcmene）

阿爾庫俄紐斯（Alcyoneus）

阿勒陀（Allecto）

阿洛珀（Alope）

阿馬爾塞（Amalthea）

阿瑪塔（Amata）

亞馬遜人（The Amazons）

安菲阿拉俄斯（Amphiaraus）

安菲屈蒂（Amphitrite）

安菲崔翁（Amphitryon）

阿密摩涅（Amymone）

阿娜克索（Anaxo）

安紀塞斯（Anchises）

安德柔瑪姬（Andromache）

安卓美姐（Andromeda）

神的訊息（Angelia）

安泰幽斯（Antaeus）

安特洛斯（Anteros）

安緹岡妮（Antigone）

安提娥珀（Antiope）

阿芙羅黛蒂（Aphrodite）／維納
　　斯（Venus）

阿波羅（Apollo）／福伊貝
　　（Phoebus）

阿拉庫尼（Arachne）

阿瑞斯（Ares）／瑪爾斯（Mars）

阿爾戈斯人（The Argo）

阿爾戈斯英雄（the Argonauts）

阿古士（Argus）

雅瑞安妮（Ariadne）

牡羊座（Aries）

阿里昂（Arion）

阿特蜜斯（Artemis）／戴安娜
　　（Diana）

阿斯坎紐士（Ascanius）

阿斯克勒庇俄斯（Asclepius）

阿塔蘭達（Atalanta）

雅典娜（Athena）／密涅瓦
　　（Minerva）

阿特拉斯（Atlas）

阿楚斯（Atreus）

阿特洛波斯（Atropos）

阿提斯（Atthis）

奧吉斯（Augeas）

奧托利克斯（Autolycus）

阿文提烏斯（Aventius）

巴科斯（Bacchus）／戴奧尼索斯
　　（Dionysus）

貝勒洛豐（Bellerophon）

貝勒盧斯（Bellerus）

貝羅（Beroe）

貝尤特（Beryut）

貝塔星（Beta Per）

牧夫座（Boötes）

布呂塞伊斯（Briseis）

布里修斯（Briseus）

布西里斯（Busiris）

卡科斯（Cacus）

卡德摩斯（Cadmus）

神使之杖（the Caduceus）

凱路斯（Caelus）

凱妮絲（Caenis）

卡萊斯（Calais）

卡莉娥比（Calliope）：繆斯姐妹
　　之一

卡莉絲托（Callisto）

卡利敦野豬狩獵（Calydonian
　　boar hunt）

卡麗騷（Calypso）

卡蜜拉（Camilla）

巨蟹座（Cancer）

卡帕紐斯（Capaneus）

卡比托利歐三位一體神廟
　　（Capitoline Triad）

卡珊卓（Cassandra）

卡西奧佩（Cassiopeia）

卡斯托（Castor）

半人馬星座的阿爾法星（Centauri
　　Alpha）

半人馬（centaurs）

半人馬星座（Centaurus）

賽柏拉斯（Cerberus）

克爾基翁（Cercyon）

席瑞絲（Ceres）／黛美特
　　（Demeter）

刻律涅牝鹿（Ceryneian Hind）

波利菲莫斯（Polyphemus）

波呂克塞娜（Polyxena）

澎濤士（Pontus）

普瑞阿摩斯（Priam）

普利亞波斯（Priapus）

普羅克魯斯特斯（Procrustes）

普羅米修斯（Prometheus）

普羅特伊斯（Proteus）

賽姬（Psyche）

皮琳（Pyrene）

碧拉（Pyrrha）

培冬（Python）

雷默（Remus）

瑞雅（Rhea）

瑞雅・席爾瓦（Rhea Silva）

羅穆路斯（Romulus）

射手座（Sagittarius）

薩爾瑪西斯（Salamacis）

薩爾珀冬（Sarpedon）

牧神（satyrs）

牧神里斯科依（Satyriskoi）

賽戎（Sciron）

喜拉（Scylla）

塞勒涅（Selene）

西倫（Seleni）

瑟美莉（Semele）

西比爾（Sibyl）

西勒諾斯（Silenus）

辛尼斯（Sinis）

賽蓮海妖（Sirens）

薛西弗斯（Sisyphus）

斯芬克斯（Sphinx）

斯坦托（Stentor）

斯廷法羅斯湖怪鳥（the Stymphalian Birds）

斯堤克斯河（River Styx）

夜魔（styrx）

塞勒斯（Syrus）

譚塔洛斯（Tantalus）

塔爾塔羅斯（Tartarus）

泰姬特（Taygete）

特勒馬庫斯（Telemachus）

特涅斯（Tenes）

特普西科麗（Terpsichore）：繆斯姐妹之一

蒂西絲（Tethys）

塔麗雅（Thalia）：美儀三女神之一

塔利亞（Thalia）：繆斯姐妹之一

塔納托斯（Thanatos）

陶瑪斯（Thaumas）

特密斯（Themis）

《神譜》（Theogony）

德歐佛妮（Theophane）

泰西馬科斯（Thersimachus）

翟修斯（Theseus）

緹蒂絲（Thetis）

特爾西特斯（Thirsites）

酒神杖（the Thyrsus）

狄瑞西亞斯（Tiresias）

堤西豐（Tisiphone）

泰坦族（Titans）

提托諾斯（Tithonus）

屈東（Triton）

特洛伊木馬（Trojan horse）

特洛伊（Troy）

突諾斯（Turnus）

堤喀（Tyche）

堤丟斯（Tydeus）

廷達羅斯協定（Pact of Tyndareus）

堤豐（Typhon）

提若（Tyro）

烏拉妮雅（Urania）：繆斯姐妹之一

烏拉諾斯（Uranus）

大熊星座與小熊星座（Ursa Major and Minor (constellations)）

維斯塔處女（the Vestal Virgins）

火神節（festival of Volcania）

伏路普塔斯（Voluptas）

克蘇托斯（Xuthus）

齊特士（Zetes）

西方四大神話4
情與慾之希臘羅馬神話（二版）
The Greek and Roman Myths: A Guide to the Classical Stories

作　　者	菲利浦・馬提札克（Philip Matyszak）
譯　　者	崔梓健
封面設計	廖韡
版面設計	廖韡
內頁排版	藍天圖物宣字社
責任編輯	王辰元
協力編輯	簡淑媛
校　　對	聞若婷

發 行 人	蘇拾平
總 編 輯	蘇拾平
副總編輯	王辰元
資深主編	夏于翔
主　　編	李明瑾
行銷企畫	廖倚萱
業務發行	王綬晨、邱紹溢、劉文雅

出　　版　日出出版
　　　　　　新北市231新店區北新路三段207-3號5樓
　　　　　　電話：（02）8913-1005 傳真：（02）8913-1056

發　　行　大雁出版基地
　　　　　　新北市231新店區北新路三段207-3號5樓
　　　　　　24小時傳真服務 （02）8913-1056
　　　　　　Email：andbooks@andbooks.com.tw
　　　　　　劃撥帳號：19983379　戶名：大雁文化事業股份有限公司

二版一刷　2023年11月
定　　價　490元
I S B N　978-626-7382-23-3

情與慾之希臘羅馬神話／菲利浦・馬提札克
（Philip Matyszak）著；崔梓健譯. -- 二版. -- 臺北市：
日出出版：大雁文化事業股份有限公司發行, 2023.11
　　面；公分. --（西方四大神話：4）
譯自：The Greek and Roman Myths: A Guide to the
　　　Classical Stories
ISBN　978-626-7382-23-3（平裝）

1. 希臘神話　2. 羅馬神話

284.95　　　　　　　　　　　　　　　　112018239